基于新课程新教材的情境-探究式课例研究

戴姜仙　万　敏　主编

湘潭大学出版社
XIANGTAN UNIVERSITY PRESS

图书在版编目（CIP）数据

基于新课程新教材的情境 : 探究式课例研究 / 戴姜仙，万敏主编. -- 湘潭 : 湘潭大学出版社，2024.3
ISBN 978-7-5687-1411-2

Ⅰ. ①基… Ⅱ. ①戴… ②万… Ⅲ. ①课程一教学研究一高中 Ⅳ. ①G632.3

中国国家版本馆 CIP 数据核字（2024）第 065062 号

基于新课程新教材的情境－探究式课例研究

JIYU XINKECHENG XINJIAOCAI DE QINGJING – TANJIUSHI KELI YANJIU

戴姜仙 万敏 主编

责任编辑：丁立松
封面设计：张丽莉
出版发行：湘潭大学出版社
社　　址：湖南省湘潭大学工程训练大楼
电　　话：0731-58298960 0731-58298966（传真）
邮　　编：411105
网　　址：http://press.xtu.edu.cn/
印　　刷：长沙鸿和印务有限公司
经　　销：湖南省新华书店
开　　本：787 mm×1092 mm 1/16
印　　张：14.5
字　　数：318 千字
版　　次：2024 年 3 月第 1 版
印　　次：2024 年 3 月第 1 次印刷
书　　号：ISBN 978-7-5687-1411-2
定　　价：58.00 元

序

侯志宏

在2016年9月13日,《中国学生发展核心素养》总体框架正式颁布后,普通高中课程标准(2017年版2020年修订版)作为国家教育教学法律性、规定性文件,首次凝练了学科核心素养,提出了“聚焦中国学生发展核心素养,培养学生适应未来发展的正确价值观必备品格和关键能力”的课程要求。也就是说,培育学生核心素养,是新一轮基础教育课程改革在全面实施素质教育的大背景下的核心要义,是面向二十一世纪素质教育工程的重要体现。

教学改革是新一轮课程改革的一个有机组成部分,新课程标准既为教学改革提供了一个崭新的平台和一个很好的支撑点,又对教学改革提出了全新的要求。中小学教育课程改革,特别是新课程标准的出台,为中小学教育课堂教学模式的重新建构指明了方向。以学生发展为本的教学理念的确立,以自主、探究为主的学习方式的转变,以及“教、学、评”一体的教学管理制度的重建,是课程改革在实施过程中的标志性体现。因此,学校的课堂教学必须根据时代发展的要求,与时俱进,坚持以人为本,以学生发展为本。

为了落实新一轮教育改革措施,改变新课程新教材背景下的课堂教学,宁乡教育聚焦学生发展核心素养,对课程改革进行了深入的研究。宁乡市教育局普教科与教研中心带领全市老师们认真分析课程标准改革的变化,收集新课改资料,研读比较,结合全市特点开展课堂教学研究。在研究中,我们注重学科科学、学科教学和立德树人相结合,开展基于情境的单元教学与课堂实践的研究,使课堂呈现探究性、实践性,从而提升学生的学科素养。

在学校发展过程中,要有自己的发展特色,需要有特色的教学模式支撑。随着新课程改革的深入推进，“情境-探究式”教学模式已经受到了广泛关注和认可。这是一种应对新课标、把握课标的变化方向，强调实践，创设情境，运用体验、合作、探究、表现、交流等学习方式，培育学生核心素养的有效教学模式。在这个模式下，教师将学生置于一个情境中，用“情境”吸引学生、激发学生学习的潜力，让学生身临其境地主动探究，引领学生参与到问题的研究与知识的探究、运用中，让学生真正成为课堂上的主角。这是一种“以学为中心”的有效课堂，学生在动手动脑、研究讨论中，培养了自主发现知识和解决问题的能力，同时也学会了合作沟通，培育了健康的心理品质和完善的人格，促进了全面发展。

当然，一个新的课堂教学模式由提出到成熟，需要不断地实践与改进。要更好地实践“情境-探究式”教学，教师需要掌握相关的课程设计和教学方法。宁乡五中通过课例研究，围绕具体的课堂教学实例展开研究与讨论，重点解决课中存在的某些问题，将备课、说课、授课、观课、评课融为一体，帮助教师更好地理解和掌握“情境-探究式”教学的要素和特点，有效地促进了“情境-探究式”教学模式的实践与运用。

为总结新课程新教材实施过程中取得的阶段性经验与成果，共同探讨各学科深化教学改革的方向和举措，进一步提升教师教学科研能力，关注核心素养培养，探索课堂教学转型，宁乡五中将近期的教学成果与课例整理成册。作为宁乡市新课程新教材研究的主要推动者与参与者，欣然受邀写了以上文字，以作序。

期待我们在新课程新教材研究和课堂实践研究这条路上能走得更深、更远。

前　言

宁乡市第五高级中学创建于1944年，于1945年正式招生。1946年，中共湖南省工委在学校成立中共地下特别支部，宁乡五中成为当时全省唯一有党组织的“红色学校”。几经易址后，如今的宁乡五中地处沩江河畔、回龙山麓。这里底蕴深厚、人杰地灵。汤俶中校长、原省工委书记周政、原省教育厅厅长方用等革命先辈先后在此执教。

二十世纪八九十年代，宁乡五中是当时宁乡高中教育界的一颗明珠。到二十一世纪初，由于城镇化的发展，教育资源向城区倾斜，宁乡五中的办学受到了冲击，其发展一度陷入瓶颈期。近年来，在政府的大力扶持下，学校办学条件得到改观，办学设备日趋完善。学校班子成员带领全体师生秉承优良传统，以“党建”为抓手，一方面，充分挖掘学校的红色资源，开展“党建+德育”工作，抓实青少年思想道德建设，浇花浇根，育人育心，着力培育新时代中国特色社会主义事业的建设者、接班人，学校取得了丰硕成果，曾被《人民教育》《中国教育报》等媒体报道。另一方面，通过校本研修，开展“党建+学科”工作，学习新的教学理念，改革课堂教学，着力改变学校教学现状。学校办学特色日益彰显，办学声誉日隆，树立了农村高中的质量品牌。

在学校“党建+学科”工作思路的引领下，我们坚持开展日常教研和“一月一主题”的学科研讨工作。我们通过各种形式的活动对新课程、新教材进行了深入探究和思考，形成了具有校本特色的课例研究方法和路径。

课例研究是我们探究学科发展的主要校本研修方式。所谓的课例研究，就是围绕一堂课的教学，在课前、课中、课后进行种种活动，包括研究人员，上课教师与他的同伴，学生之间的沟通、交流、对话、讨论。我们以在教学过程中学校所面临的各种问题为研究对象，着眼于在真实的学校情境中发现问题、研究问题、解决问题，从而推动新课程的顺利实施，促进教师的专业发展。在课例研究实践中，我们发现，“情境-探究”是一种适应新课程新教材背景下各个学科教学的有效的课堂模式。这种教学模式既符合各学科新课程标准的核心理念，又能在课堂教学的开展中，真正培育学生的核心素养，从而达到全面发展的育人效果。

情境式教学已不是一个新鲜的名词，但在传统教学中，往往“创设情境”与“探究”是各自独立的两个方面。在新课程背景下，教育要培养“全面发展的人”，要求培养学生解决实际问题的能力。这就对我们的课堂教学提出了新的要求：在真实课堂情境中，激发学生积极探究有效的问题解决方法，从而培养其乐学善学、勇于探究的精神，提升其实践创新、问题解决的能力。所以，将“情境”和“探究”二者相结合，这不只是一种形式上的表现，更是一种理念的更新、教学方法的改进，是课堂中教师与学生角色的真正转变。在教学中设置一个情境，或生活情境，或传统文化情境，或相关史料情境等，老师通过精心设计，将知识问题置于情境中，教师的教由传统的“教教材”向“用教材教”转变；学生在情境中自主学习或合作探究，由传统的“解题”向“解决问题”转变。如此，课堂上师生关系和谐，教学效果也明显提高。

通过一段时间的探索与实践，“情境-探究式”课堂教学模式在我们的教学实践中已取得了初步成效。现在，我们将学校的一些探索和老师们的一些优秀课例整理编辑、付梓待印，希望能得到业内人士的指导，以更好地促进学校校本研修工作的开展。

苔花如米小，也学牡丹开。虽然宁乡五中只是一所普通的农村高中，但这里一直有着一股向上的力量、有着一种孜孜以求的精神。我们相信在一辈又一辈、一拨又一拨求索不止的五中人的努力下，宁乡五中的办学之路也会走得更坚实、更有力量。

编　者

2022 年 12 月

目　录

第一部分　课例研究的基本理论

第一章　核心素养基本理念与新课程的实施 …… 3

第一节　学生发展核心素养基本理念 …… 3
第二节　新课程改革下的新理念、新观点 …… 6
第三节　教育部关于做好普通高中新课程新教材实施工作的指导意见（摘要） …… 9

第二章　新课程标准的理念与目标 …… 13

第一节　新课程标准的理念 …… 13
第二节　新课程标准的目标 …… 17

第三章　课例研究的内涵与特点及目的与价值 …… 21

第一节　课例研究的内涵与特点 …… 21
第二节　课例研究的目的与价值 …… 25

第二部分　课例研究的校本实践

第四章　课例研究的校本策略 …… 31

第一节　确立课例研究的标准 …… 31
第二节　寻找课堂教学的问题 …… 33
第三节　探索课例研究的方法及路径 …… 39

第五章 课例研究的校本经验 …… 47
第一节 基于新课程标准的课堂教学设计 …… 47
第二节 基于新课程标准的课堂教学实施 …… 55
第三节 基于新课程标准的课堂教学评价 …… 58
第六章 学科课例教学法探索 …… 61
第一节 几种常见学科课例教学法的类型 …… 61
第二节 “情境-探究式”教学法探索 …… 66
第三部分 “情境-探究式”课例研究的学科探索
第七章 文科类学科课例研究的探索 …… 75
第一节 语文“情境-探究式”课堂教学微探 …… 75
第二节 英语“情境-探究式”课堂教学微探 …… 77
第三节 历史“情境-探究式”课堂教学微探 …… 80
第四节 政治“情境-探究式”课堂教学微探 …… 83
第五节 地理“情境-探究式”课堂教学微探 …… 85
第八章 理科类学科课例研究的探索 …… 88
第一节 数学“情境-探究式”课堂教学微探 …… 88
第二节 物理“情境-探究式”课堂教学微探 …… 90
第三节 化学“情境-探究式”课堂教学微探 …… 93
第四节 生物“情境-探究式”课堂教学微探 …… 95
第五节 体育“情境-探究式”课堂教学微探 …… 97
第四部分 优秀课例汇编
《荷花淀》课例 …… 101
《中国建筑的特征》课例 …… 104

祝福声里隔世追凶

——“谁是凶手”系列之祥林嫂死亡事件 …… 109

《琵琶行（并序）》课例 …… 113

《烛之武退秦师》课例 …… 117

“情境-探究式”课堂教学

——直击心灵的诗篇《氓》 …… 121

一曲凄凉哀婉的生命绝唱

——《声声慢》“情境-探究式”学习课例 …… 125

《百合花》课例 …… 129

《导数的概念》课例 …… 134

《椭圆及其标准方程》课例 …… 140

《The Universal Language Extended reading Beethoven：a remarkable life》课例 …… 145

《Review the Attributive Clause by introducing Waste Sorting》课例 …… 149

《The Universal Language Extended reading Beethoven：a remarkable life》课例 …… 155

《自由落体运动》课例 …… 160

《钠的氧化物》课例 …… 165

《含氯消毒剂》课例 …… 170

《伴性遗传》课例 …… 173

《基因表达与性状的关系》课例 …… 178

《依托红色校史 体味文化功能》课例 …… 183

《人民解放战争》课例 …… 186

《隋唐制度的变化与创新》课例 …… 191

《五四运动与中国共产党的诞生》课例 …… 196

《流水地貌》课例 …… 201

《水循环》课例 …… 205

《探世界最北航道，寻冰上丝绸之路——海水的性质》课例 …… 210

《歌唱的呼吸》课例 …… 215

《目标的制定》课例 …… 218

第一部分 课例研究的基本理论

第一章　核心素养基本理念与新课程的实施

第一节　学生发展核心素养基本理念

学生发展核心素养主要是指学生应具备的能够适应终身发展和社会发展需要的必备品格和关键能力。中国学生发展核心素养，以科学性、时代性和民族性为基本原则，以培养“全面发展的人”为核心，分为文化基础、自主发展、社会参与三个方面。综合表现为人文底蕴、科学精神、学会学习、健康生活、责任担当、实践创新六大素养，具体细化为国家认同等十八个基本要点。

一、文化基础

（一）人文底蕴

（1）人文积淀：具有古今中外人文领域基本知识和成果的积累，能理解和掌握人文思想中所蕴含的认识方法和实践方法等。

（2）人文情怀：具有以人为本的意识，尊重、维护人的尊严和价值；能关注人的生存、发展和幸福等。

（3）审美情趣：具有艺术知识、技能与方法的积累；能理解和尊重文化艺术的多样性，具有发现、感知、欣赏、评价美的意识和基本能力；具有健康的审美价值取向；具有艺术表达和创意表现的兴趣和意识，能在生活中拓展和升华美等。

（二）科学精神

（1）理性思维：崇尚真知，能理解和掌握基本的科学原理和方法；尊重事实和证据，有实证意识和严谨的求知态度；逻辑清晰，能运用科学的思维方式认识事物、解决问题、指导行为等。

(2) 批判质疑：具有问题意识；能独立思考、独立判断；思维缜密，能多角度、辩证地分析问题、做出选择和决定等。

(3) 勇于探究：具有好奇心和想象力；能不畏困难，有坚持不懈的探索精神；能大胆尝试、积极寻求有效的问题解决方法等。

二、自主发展

(一) 学会学习

(1) 乐学善学：能正确认识和理解学习的价值，具有积极的学习态度和浓厚的学习兴趣；能养成良好的学习习惯，掌握适合自身的学习方法；能自主学习，具有终身学习的意识和能力等。

(2) 勤于反思：具有对自己的学习状态进行审视的意识和习惯，善于总结经验；能够根据不同情境和自身实际，选择或调整学习策略和方法等。

(3) 信息意识：能自觉、有效地获取、评估、鉴别、使用信息；具有数字化生存能力，主动适应“互联网”等社会信息化发展趋势；具有网络伦理道德与信息安全意识等。

(二) 健康生活

(1) 珍爱生命：理解生命意义和人生价值；具有安全意识与自我保护能力；掌握适合自身的运动方法和技能，养成健康文明的行为习惯和生活方式等。

(2) 健全人格：具有积极的心理品质，自信自爱，坚韧乐观；有自制力，能调节和管理自己的情绪，具有抗挫折能力等。

(3) 自我管理：能正确认识与评估自我；依据自身个性和潜质选择适合的发展方向；合理分配和使用时间与精力；具有达成目标的持续行动力等。

三、社会参与

(一) 责任担当

(1) 社会责任：自尊自律，文明礼貌，诚信友善，宽和待人；孝亲敬长，有感恩之心；热心公益和志愿服务，敬业奉献，具有团队意识和互助精神；能主动作为，履职尽责，对自我和他人负责；能明辨是非，具有规则与法治意识，积极履行公民义务，理性行使公民权利；崇尚自由平等，能维护社会公平正义；热爱并尊重自然，具有绿色生活方式和可持续发展理念及行动等。

(2) 国家认同：具有国家意识，了解国情历史，认同国民身份，能自觉捍卫国家主权、尊严和利益；具有文化自信，尊重中华民族的优秀文明成果，能传播、弘扬中华优秀传统文化和社会主义先进文化；了解中国共产党的历史和光荣传统，具有热爱党、拥护党的意识和行动；理解、接受并自觉践行社会主义核心价值观，具有中国特色社会主义共同理想，有为实现中华民族伟大复兴中国梦而不懈奋斗的信念和行动。

(3) 国际理解：具有全球意识和开放的心态，了解人类文明进程和世界发展动态；能尊重世界文化的多样性和差异性，积极参与跨国文化交流；关注人类面临的全球性挑战，理解人类命运共同体的内涵与价值等。

(二) 实践创新

(1) 劳动意识：尊重劳动，具有积极的劳动态度和良好的劳动习惯；具有动手操作能力，掌握一定的劳动技能；具有主动参与家务劳动、生产劳动、公益活动和社会实践的意识，具有改进和创新劳动方式、提高劳动效率的意识；具有通过诚实合法劳动创造成功生活的意识和行动等。

(2) 问题解决：善于发现和提出问题，有解决问题的兴趣和热情；能依据特定情境和具体条件，制订合理的解决方案；具有在复杂环境中行动的能力等。

(3) 技术运用：理解技术与人类文明的有机联系，具有学习技术的兴趣和意愿；具有工程思维，能将创意和方案转化为有形物品或对已有物品进行改进与优化等。

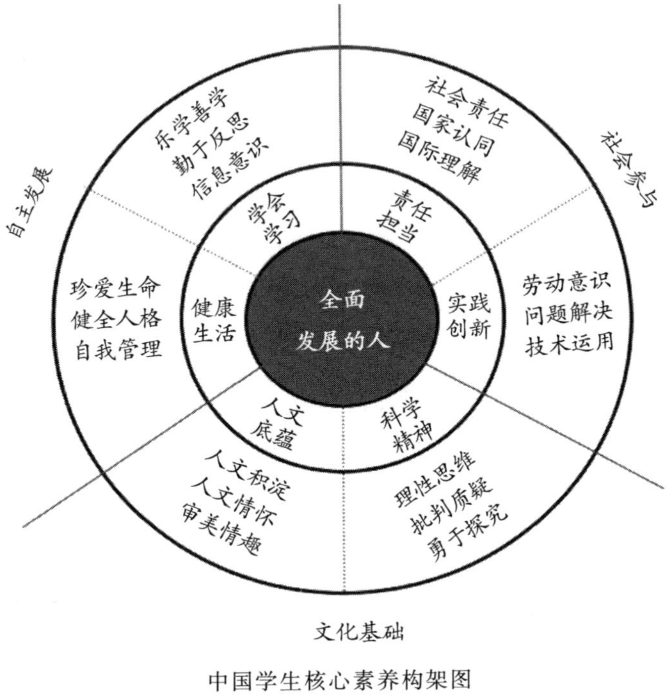

中国学生核心素养构架图

第二节　新课程改革下的新理念、新观点

一、三大基本理念

（一）关注学生发展

新课程的课堂教学评价，首先要体现促进学生发展这一基本理念。这一理念首先体现在教学目标上，即要按照课程标准、教学内容的科学体系进行有序教学，完成知识、技能等基础性目标，同时还要注意学生发展性目标的形成。其次要体现在教学过程中，教师要认真研究课堂教学策略，激发学生学习热情，体现学生的主体地位，鼓励学生探究，高效实现目标。在教学过程中，老师的角色定位也很关键，正确的做法是，老师应是一个引导者、方法的建立者，而不是简单的知识传授者，应充分发挥学生在学习过程中的能动性。

（二）强调教师成长

依据新课程评价目标的要求，课堂教学评价要沿着促进教师成长的方向发展。其重点不在于鉴定教师的课堂教学结果，而是诊断教师课堂教学中学生提出的问题，制定教师的个人发展目标，满足教师的个人发展需求。

（三）重视以学定教

新课程课堂教学要真正体现以学生为主体，以学生发展为本，就必须对传统的课堂教学评价进行改革，体现以学生的“学”来评价教师的“教”的“以学论教”的评价思想，强调以学生在课堂教学中呈现的状态为参照来评价课堂教学质量。提倡“以学论教”，主要从学生的情绪状态、注意状态、参与状态、交往状态、思维状态、生成状态六个方面进行评价。

（1）情绪状态：学生是否具有浓厚的兴趣，对学习具有好奇心和求知欲；是否能长时间保持兴趣，能否自我调节和控制学习情绪；学习过程是否愉悦，学习愿望是否可以不断得以增强。

（2）注意状态：学生是否始终关注讨论的主要问题，并能保持较长的注意力；学生的目光是否始终追随发言者（教师或学生）的一举一动；学生的倾听是否全神贯注，回答是否具有针对性。

（3）参与状态：学生是否全员参与学习活动；是否积极主动地投入思考并踊跃发

言，兴致勃勃地参与讨论和发言，是否自觉地进行练习。

（4）交往状态：看整个课堂气氛是否民主、和谐、活跃；学生在学习过程中是否友好分工与合作；是否能虚心地听取他人的意见，尊重他人的发言。遇到困难时，学生能否主动与他人交流、合作，共同解决问题。

（5）思维状态：学生是否围绕讨论的问题积极思考、踊跃发言，学生回答问题时语言是否流畅、有条理，是否善于用自己的语言阐述自己的观点；学生是否敢于质疑，提出有价值的问题并展开讨论；学生的回答或见解是否有自己的思考或创意。

（6）生成状态：学生是否掌握应学的知识，是否全面完成了学习目标，学生的学习能力、实践能力和创新能力是否得到增强，是否有满足、成功和喜悦等积极的心理体验，是否对未来的学习充满了信心。

二、新课程改革下几个重要的新理念、新观点

（一）新的课程观

新的课程观是生成的课程观，整合的课程观，实践的课程观。主要包括以下几个方面的内涵：学生是课程的主体；“生活世界”是课程内容的范围，课程是学生通过反思性、创造性实践而建构人生意义的活动；课程的学习活动方式以理解、体验、反思、探究和创造为根本；教师和学生不是课程的简单执行者，而是课程的开发者和建设者。

（二）新的学生观

新课程认为，学生不是被人塑造和控制、供人驱使和利用的工具，而是有其内在价值的独特存在，学生即目的。每一个学生既是独特性、自主性的存在，又是关系中的存在。学生首先是人，需要走向生活的人；学生是“文化遗产中的人”；学生是“生活世界的人”“关系中的人”；学生是“时代中的人”；学生是“世界背景中的人”。

（三）新的发展观

以学生发展为本。“发展”是指全体学生的发展，全面和谐的发展，终身持续的发展，个性特长的发展，活泼主动的发展。“学生为本”的含义：价值观——一切为了学生；伦理观——高度尊重学生；行为观——全面依靠学生。

（四）新的学习观

学习者不是被动的旁观者，而是自主的参与者。学习不是简单复制和印入信息，而是主动解释信息，建构知识的意义。教学不是产品的传递，而是创设一定的条件促进学生主动建构知识的意义。学习者的学习是第二次创造，自主理解就是创造。知识是在自己先前经验的基础上建构起来的。知识是学习者在特定情境下建构起来的。知

识来源于生活情境和实践，具有一定的感性经验或生活中的“对应物”。学习的结果不仅在于知，而且在于信，在于课内知识与生活经验的统一。

（五）新的教师观

新课程中教师的新角色：A 学习者，B 研究者，C 组织者（学习），D 引导者（学习），E 催化者（学生），F 促进者（学生），G 实践者（反思性），H 开发者（课程）。

新课程条件下知识传授者角色的变化：A 由重传递向重发展转变；B 由统一规格教育向差异性教育转变；C 由重教师的“教”向重学生的“学”的转变；D 由重结果向重过程转变；E 由单向信息交流向综合信息交流转变；F 由居高临下向平等融洽转变；G 由教学模式化向教学个性化转变。

（六）新的课堂观

课堂是对话、沟通、交往、合作、探究、展示的平台。课堂是新认识的生长点、新激情的鼓动器，学生带着疑问进课堂，带着更多的疑问出课堂。

（七）新的“课标”观

从“教学大纲”到“课程标准”并不仅仅是名称的改变，更深层的是教育理念的更替、教育视角的切换。“课程标准”主要是对学生学习结果的描述，而不是对教学内容的具体规定。“课程标准”是关照绝大多数学生，提出的是一些基本要求。“课程标准”是国家制定的某一学习阶段的共同的、统一的基本要求，而不是最高要求。“课程标准”做出的规定应具体明确。学生学习结果的描述是可达到的、可评估的，而不是模糊不清、可望不可即的。“课程标准”的规定是有弹性的，其范围应涉及认知、情感、动作技能三个领域，也隐含着教师不是教科书的消极教授者，而是教学方案的积极设计者。

（八）新的教材观

教材是使学生达到课程标准所规定的内容载体，是教师教与学生学的主要工具。标准是课程的“灵魂”，教材是课程的“肉体”。标准是“罗马”，教材是“道路”（条条道路通罗马）。树立“用教材教，而不是教教材”的观念。唤起教学活动的“目标”意识，反对“教总比不教好，教多总比教少好，教得越多越好”的经验主义做法。

（九）新的评价观

评价是一个过程，评价是一个教育的过程，评价是一个发展的过程，评价是一个共建的过程，评价是一个充满人文关怀的过程，评价是民主、平等和科学的过程。

（十）新的方法观

新课程倡导自主、合作、探究的学习方法，倡导有利于形成这三种学习方法的教学方法。

第三节 教育部关于做好普通高中新课程新教材实施工作的指导意见（摘要）

一、总体要求

（一）指导思想

坚持以习近平新时代中国特色社会主义思想为指导，深入贯彻党的十九大精神，全面贯彻党的教育方针，培育和践行社会主义核心价值观，落实立德树人根本任务，发展素质教育，统筹规划、协同推进普通高中课程改革、高考综合改革和高中阶段教育普及攻坚，促进课程、教材、教学、考试、评价、招生等有机衔接，全面落实新课程新教材的理念和要求，着力提高普通高中教育质量，培养德智体美全面发展的社会主义建设者和接班人。

（二）基本原则

育人为本，注重实效。遵循教育规律和学生成长规律，把科学的质量观落实到教育教学全过程，打牢学生成长的共同基础，满足学生不同学习需要，进一步提高学生综合素质，着力发展核心素养。

分类指导，有序推进。坚持加强省级统筹、强化市县保障、学校具体实施，结合各地高考综合改革推进安排和高中学校办学条件实际，有计划、分步骤、积极稳妥地实施新课程新教材。

完善机制，强化保障。建立健全组织领导、系统培训、示范引领、监测督导等工作机制，完善经费投入、师资配置、专业研究、设施配备等保障机制，为新课程新教材实施提供有力支撑。

（三）工作目标

2018 年底完成新课程全员培训工作，2019 年上半年开始，分批分步完成新教材培训工作，普通高中校长和教师队伍组织实施新课程新教材的能力整体提高，教研机构和教研队伍的专业支撑能力进一步增强；2022 年秋季开学，全国各省（区、市）均启动实施新课程新教材，相关工作推进机制和保障机制进一步健全；到 2025 年，新课程新教材的理念、内容和要求全面落实到普通高中教育教学各个环节。

二、重点任务

（一）扎实做好全员培训工作，切实提高组织实施能力

各地要认真组织实施好新课程新教材的全员培训工作。按照教育部印发的《新修订普通高中课程方案和课程标准培训工作方案》要求，开展好省级骨干培训、地市级培训和校本研修，完成对教育行政干部、教研员、高中校长和教师的全员培训。教育部制定新教材培训工作方案，组织开展国家三科统编教材国家级示范性培训。省级教育行政部门要研究制定本地新教材培训工作方案，加强对培训工作的统筹指导。各地要根据使用新教材的具体时间安排，分年度、分年级、分学科开展培训，要在使用当年8月底前完成高一年级各学科教师培训工作，次年秋季开学前完成高二、高三年级各学科教师培训工作。

（二）认真做好课程实施，开设好国家规定课程

各地要加强对新课程实施的领导和管理，认真抓好落实。省级教育行政部门要制定本地课程实施指导意见，明确课程实施的具体要求，统筹均衡安排每学年开设的科目和课时。市县级教育行政部门要指导学校依据国家和省级要求，制定具体的课程实施方案，确保开齐国家规定的各类课程，特别是综合实践活动，技术（含信息技术和通用技术）、艺术（或音乐、美术）、体育与健康等课程，并开足规定的课时。学校要充分挖掘课程资源，开发、开设丰富多彩的选修课程。

（三）深化学校教学改革，发展学生核心素养

地方各级教育行政部门要加强对学校教学改革工作的指导，积极组织开发优质教学资源，注重教学改革经验的遴选和推广。要充分依托教研部门等专业力量，加强对课程方案和课程标准的研究，指导学校积极探索基于学科核心素养的教学策略和评价方式。学校要健全以校为本的教研制度，鼓励和支持教师创新教学方式，关注学生个体差异和学习过程，促进学生自主、合作、探究学习，不断提高教学质量。

（四）加强和改进教学组织管理，有序推进选课走班

省级教育行政部门要完善适应选课走班需要的教学组织管理制度和学分认定办法，坚持实事求是、因地制宜，指导学校有序推进选课走班、科学开展学分认定工作。学校要结合实际，加快建立和完善选课走班和学生发展指导制度，并制定具体的学分认定办法。要充分利用信息技术手段，加强对教师配置、班级编排、学生管理、设施配备等方面的统筹力度，逐步形成行政班和教学班并行、科学规范、高效有序的教学组织运行机制。

（五）完善考试评价制度，发挥积极导向作用

普通高等学校招生全国统一考试、普通高中学业水平考试、校内评价或考试要以课程方案和课程标准为依据，更好地发挥立德树人导向作用。教育部组织开展考试命题评估工作和命题人员国家级培训。省级教育行政部门要建立学业水平考试命题质量保障机制，开展命题质量评估，加强命题人员培养和培训，确保考试命题方向与课程标准要求一致，学业水平考试等合格性考试的内容和难度要符合课程标准要求，引导学生打好基础。地方教育行政部门要指导学校认真实施学生综合素质评价，完善实施细则，综合实践活动课程和选修课程的修习情况应纳入评价内容，要做到客观真实。

三、工作机制

（一）建立课程实施监测制度，确保课程实施质量

建立国家、省两级课程实施监测制度，健全课程建设和管理反馈改进机制。教育部制定课程实施监测方案，对各地课程方案执行情况、课程标准落实情况以及新教材使用情况进行监测。省级教育行政部门要结合本地实际，制定省级课程实施监测方案，建立相应的课程实施反馈改进机制，向市县级教育行政部门反馈监测结果和改进建议，并于每学年结束后将本地新课程实施监测报告报送教育部。

（二）完善教学科研工作机制，发挥专业支撑作用

各级教学科研部门要围绕新课程实施中的重点难点问题，特别是学科核心素养、学业质量标准在实践中转化落地等问题加强研究，深入学校、深入课堂、深入师生开展实践研究，推动深化教学改革。各地要积极推进教研工作机制创新，探索区域联合教研、校际联合教研等多种教研工作机制，不断提升教研工作的制度化和专业化水平，发挥好教研工作对深化课程改革的重要支撑作用。

（三）建立实验区、实验校，发挥示范引领作用

围绕深化课程改革的主要任务，设立一批国家级和省级实验区、实验校，探索不同发展水平地区和学校有效推进课程改革的实践模式，及时总结交流和宣传推广实验区、实验校的成功经验。教育部遴选若干地市和学校作为国家级实验区、实验校，并委托专业机构进行指导。省级教育行政部门要结合本地实际，相应设立一批实验区、实验校，并加强工作指导。

（四）加强条件保障，满足课程改革需要

各地要制定和完善有关政策措施，加大教育经费投入力度，满足教师培训、课程

实施、教学研究、校舍建设、设备配置等方面的需要，并向农村地区、边远地区、民族地区倾斜。要组织开展普通高中办学条件评估，科学测算资源缺口，制订工作规划和方案，加快改善学校办学条件。要积极协调编制、财政部门，落实城乡统一的编制标准，加大区域内统筹配置和师资共享的力度，为学校配齐配足教师。

第二章　新课程标准的理念与目标

在新课程背景下，学校要深化以培育学生核心素养、促进学生全面而有个性发展为着力点的课程与教学改革；主动适应新课程、新教材、新高考，进一步完善以突出学校育人特色和促进学生核心素养发展为主线的学校课程体系；组织开展多样化的科研活动，研究教育自身规律和学生成长规律，将重大课题研究与重点工作推进有机结合，促进教与学由经验型向研究型逐步转型；探索提高课堂研究型品质的方式和途径，优化研究型课堂的结构和流程，构建具有研究型品质的课堂范式与模型。

第一节　新课程标准的理念

基础教育课程承载着党的教育方针，在立德树人中发挥着关键作用。尤其是普通高中教育，是国民教育体系的重要组成部分，在人才培养中起着承上启下的关键作用，能够为学生适应社会生活、接受高等教育和未来职业发展打好基础。

国务院办公厅发布的《关于新时代推进普通高中育人方式改革的指导意见》中也明确指出，要实现“普通高中新课程新教材全面实施，适应学生全面而有个性发展的教育教学改革深入推进，选课走班教学管理机制基本完善，科学的教育评价和考试招生制度基本建立”[①] 的改革目标，而且高考综合改革实施方案逐步在各省份稳步实施。因此，新的基础教育课程标准也在逐渐制定和实施，需要遵循以下基本理念。

一、凝练学科核心素养，精选、重组课程内容，明确内容要求，指导教学设计

学生核心素养主要指“学生应具备的适应终身发展和社会发展需要的必备品格和

① 国务院办公厅．关于新时代推进普通高中育人方式改革的指导意见［R］．2019．

关键能力”①，是关于学生知识、技能、情感、态度、价值观等多方面的综合表现，培养学生核心素养是适应现代社会知识爆炸、知识传播渠道多元、学习方式革命等人类文明发展趋势而形成的学校教育改革方向的共识。

2014 年，教育部在其印发的《关于全面深化课程改革落实立德树人根本任务的意见》中首次提出“组织研究提出各学段学生发展核心素养体系”的重要论断，明确了核心素养在新课程改革中的重点，可以说研究学生发展的核心素养是落实立德树人根本任务的一项重要举措，也是适应世界教育改革发展趋势、提升我国教育国际竞争力的迫切需要。

按照党和国家的基本规定，中国学生发展核心素养以科学性、时代性和民族性为基本原则，以培养“全面发展的人”为核心，“分为文化基础、自主发展、社会参与 3 个方面，综合表现为人文底蕴、科学精神、学会学习、健康生活、责任担当、实践创新等 6 大素养，具体细化为人文积淀、人文情怀、审美情趣、理性思维、批判质疑、勇于探究、乐学善学、勤于反思、信息意识等 18 个基本点”②。

核心素养作为一个宏观概念，只有分解为学科素养，才能落地生根，因而新课程标准首要遵循的原则便是凝练学科核心素养。为此，教育部印发了《普通高中课程方案和语文等学科课程标准（2017 年版）》，首次提出各学科核心素养，并基于学科核心素养制定出了质量标准内容，明确了学生学习该学科课程后应达成的正确价值观念、必备品格和关键能力，并围绕学科核心素养的落实，精选、重组教学内容，设计教学活动，提出考试评价的建议，切实引导各学科教学在传授学科知识过程中，更加关注学科思想、思维方式等，把立德树人根本任务落到实处。

在这个问题上，高中教育更是大有可为，如国务院办公厅发布的《关于新时代推进普通高中育人方式改革的指导意见》中所言：“深入开展习近平新时代中国特色社会主义思想教育，强化理想信念教育，引导学生树立正确的国家观、历史观、民族观、文化观，切实增强‘四个自信’，厚植爱党爱国爱人民思想情怀，立志听党话、跟党走，树立为中华民族伟大复兴而勤奋学习的远大志向。”③ 不仅如此，还需要“改进科学文化教育，统筹课堂学习和课外实践，强化实验操作，建设书香校园，培养学生创新思维和实践能力，提升人文素养和科学素养。”④ 总之，多方面统筹运行，方能将核心素养真正落到实处。

① 教育部．关于全面深化课程改革落实立德树人根本任务的意见［R］．2015.

② 核心素养课题组．中国学生发展核心素养基本要点［J］．中国教育刊，2016（10）：1-3.

③ 国务院办公厅．关于新时代推进普通高中育人方式改革的指导意见［R］．2019.

④ 国务院办公厅．关于新时代推进普通高中育人方式改革的指导意见［R］．2019.

二、适应社会需求的多元化和学生全面而有个性的发展，构建重基础、多样化、有层次、综合性的课程结构

学科核心素养的落实必须依赖于课程而不能单独存在，新课程标准只有着力构建重基础、多样化、有层次、综合性的课程结构，才能适应社会需求的多样化和学生全面而有个性的发展，才能为新课程改革的顺利推进提供坚实的保障。

课程结构是课程目标转化为教育成果的纽带，是课程活动顺利开展的依据，是课程体系的骨架，“主要规定了组成课程体系的学科门类以及各学科内容的比例关系，必修课与选修课、分科课程与综合课程的搭配等”。[①]

在我国基础教育领域，尤其是在高中阶段，“高中课程主要设置为语言与文学、数学、人文与社会、科学、技术、艺术、体育与健康和综合实践活动等 8 个学习领域”，[②] 包括语文，数学，外语（英语、日语、俄语等），思想政治，历史，地理，物理，化学，生物，艺术（音乐、美术），体育与健康，信息技术等 12～13 个科目，这些科目的设置形成了完备的高中课程结构，特别是在新课程改革全面推进之后，全国实行统一的部编教材，为国家课程的贯彻实施提供了坚实的保障。

为更好地落实立德树人根本任务，仅仅实施国家课程是远远不够的，还必须赋予学校合理而充分的课程自主权，为学校创造性地实施国家课程、因地制宜地开发学校课程，为学生有效选择课程提供保障，完善学校课程管理。

以普通高中教育为例，在普通高中新课程实施的过程中，对课程进行因校制宜、因人而异的校本化实施，在依照普通高中课程方案的基础上合理安排三年各学科课程，并开齐开足体育与健康、艺术、综合实践活动和理化生实验等课程，“加强学校特色课程建设，积极开展校园体育、艺术、阅读、写作、演讲、科技创新等社团活动。鼓励普通高中与中等职业学校课程互选、学分互认、资源互通，促进普职融通”，[③] 既是普通高中新课程顺利实施的必然要求，也是促进学生、教师、学校可持续发展的重要途径。

三、提升课程内容的思想性、科学性、时代性、基础性，推动人才培养模式的改革创新

课程结构的完善最终以课程内容的细化为前提，新课程标准围绕核心素养的落实，

---

① 郭晓明．课程结构论——一种原理性探寻［M］．长沙：湖南师范大学出版社，2002.

② 中华人民共和国教育部．普通高中课程方案（2017 年版）［M］．北京：人民教育出版社，2018.

③ 国务院办公厅．关于新时代推进普通高中育人方式改革的指导意见［R］．2019.

精选终身学习必备的基础内容，增强与社会进步、科技发展、学生经验的联系，拓宽视野，引导创新与实践，着力提升课程内容的思想性、科学性、时代性、基础性。

所谓思想性，强调课程内容要落实习近平新时代中国特色社会主义思想，要有机融入社会主义核心价值观、中华优秀传统文化、革命文化和社会主义先进文化教育内容，注重对学生的思想启蒙和价值引领。所谓科学性，强调课程内容应当引领学生学习科学知识，关注科学发展的前沿方向和理论，夯实学生的科学基础知识，形成良好的科学素养，培养开阔的科学视野，相信科学，尊重科学，运用科学，发展科学。所谓时代性，强调课程内容的选择体现当代社会进步和科技发展的方向，反映各学科的发展趋势，关注学生的经验，增强课程内容与社会生活的联系，而且能够根据时代发展需要及时调整、更新。所谓基础性，强调掌握必需的经典知识及灵活运用的能力，注重培养搜集和处理信息的能力、获取新知识的能力、分析和解决问题的能力、交流与合作的能力，既要为所有学生的发展奠定共同基础，又要为每一位学生的个性化发展奠定不同基础。

国家通过制定各科目课程标准来规定课程的主要内容和要求，而学校则要着力推动人才培养模式的改革创新，“以国家课程为基础、以校本课程为依托，为培养全面发展、个性优良的高素质创新型人才奠定坚实基础”。①

四、创设有利于引导学生主动学习的课程实施环境，提高学生自主学习、合作交流以及分析和解决问题的能力

新课程实施的一个重要目标在于促进学生发展，激发学生学习热情，引导学生主动学习，提高学生自主学习、合作交流以及分析和解决问题的能力，而要实现这一目标的关键在于合理而有序地安排课程，创设有利的课程实施环境。

首先，要“合理搭配必修课程与选修课程”②。必修课程的教学顺序是经过教材编写的专家们反复思量的结果，一般可按照教材编写的顺序进行教学，但在某些学科的某些模块的教学顺序中，可以依据学情做适当的调整，使新课程内容更加校本化。国家选修课程则可以按照学生兴趣，学习需要以及学校的开设条件（课时、师资、设备等）进行分流，将学生选择较多、学校开设条件较成熟的，作为全体必选或群体必选，将学生选择较少的，则在兴趣课中给特别有兴趣的学生开设。

其次，要创造条件积极开发校本兴趣课程。充分利用社会资源、学校资源和家庭

① 崔允漷．普通高中课程结构为何调整，如何调整？[J]．人民教育，2018（Z1）：37-39.

② 贾运波．简谈高中选修课Ⅱ的现状及对策［J］．当代教育理论与实践，2013（2）：27-29.

资源，按照需要与实效相整合、内容与形式相统一、自主与自愿相结合的原则，积极开发校本兴趣课程，按兴趣进行分组，学生可根据自己的兴趣、意愿和学习状况选择不同的项目，让学生学有所得、各展所长，为促进学生全面、主动、有个性地可持续发展奠定基础。

最后，建立选课指导制度，有序推进选课走班制的实施。学校要积极进行制度创新，建立行之有效的校内选课指导制度，为了满足学生不同方向、不同层次发展的需要。以高中为例，在新高考已经实施的背景下，可以有序推进选课走班制的实施，“关注学生知识基础和能力素质的差异，为学生设置不同科目、不同层次的培训课程，为学生形成符合个人特点的、合理的课程修习计划提供指导和帮助”，[①] 以达到因材施教、扬长补短的目的。

第二节 新课程标准的目标

一、教学内容结构化：以学科大概念为核心

新课程标准的制定进一步精选了学科内容，课程的核心仍然是内容，关注的主要问题仍然是教育教学活动中的内容方面，在很大程度上，是以内容为中心并辐射至教学活动乃至学校改革的其他方面。但在新课程改革背景下的学科内容不应该是零散的，新课程标准的目标是为学科内容建立起结构性的联系，应当以学科大概念为核心，使教学内容结构化。

具体来说，首先，结构化的内容是能力形成的基础。内容是能力的基础，能力是内容的表现形态，如果没有内容作后盾的话，形式的表现也就受到了许多限制。但只有结构化的内容对能力的形成是起促进作用的，因为这样的内容才具有较强的黏合力、较严密的逻辑性、较丰富的关联度，才可以较好地为内容的灵活运用服务。

其次，结构化的内容强化了内容的整体性。对学生来说，认识到内容与内容之间的联系，注意到各内容之间的共通性或互补性，既可以使学生更好地掌握内容，形成整体性、系统性知识观，同时也可以使学生将内容融会贯通，真正纳入自己的认识框架，与原有的经验结成一个整体。

再次，结构化的内容是基础知识存在的主要形态。基础知识确实存在于概念与概

---

① 申屠永庆. 新高考下的新变革：“为每一位学生的学习发展而设计”[J]. 中小学管理，2016（12）：4-6.

念、范畴与范畴、命题与命题、原理与原理之间的联结之中，掌握基础知识也是掌握知识的结构形态和内在要素的关联。

因此，以学科大概念为核心、追求教学内容的结构化是新课程标准的重要目标。

二、教学内容情境化：以真实主题为引领

新课程的实施，课程功能和目标的调整，使传统教学模式面临着变革。根据新课程标准的要求，新课程的出发点和落脚点是培养学生的学科核心素养。基于问题情境，以问题研究为平台的建构性教学非常重视把教学内容置于具体情境中，引导学生用结构化的知识和技能去解决实践中的问题，培养学生的创新精神、综合能力和优良品格。

情境的创设有助于培养学生发现问题、分析问题和解决问题的能力，合理运用情境教学法，能激发学生的学习兴趣。因此，为促进学生学科核心素养的形成，要特别重视教学中复杂情境的创设，以主题为引领，使教学内容情境化。

传统教学也注重情境创设，新课程从以人为本、回归生活、注重发展的教育理念出发，极大丰富了情境的内涵，并对情境创设提出了新的要求，情境创设因此成为新课程标准的重要目标。

合理创设情境，首先要充分了解学生的身心特点，尤其要注意不同学段、不同学科的具体特点，甚至在同一学段、同一学科内部，也要区分具体的情况，如果用错了教学对象，不但不能取得良好的教学效果，反而适得其反。其次还要合理地选择场景，恰当地选择教学内容，在情境教学中，创设的情境应该具有真实性，要考虑学生的思维特点，把课程内容与情境相结合。

总之，创设情境“既要为学生的学习提供认知停靠点，又要激发学生的学习心向”。这是情境的两大功能，也是促进学生有意义学习的两个先决条件，更是促进学科核心素养落地的重要前提。

三、教学实施多样化：以学生自主、合作、探究学习为途径

新课程倡导自主、合作、探究的学习方式，当下不少教师或学校也在积极探索这些学习方式在实际教学中的应用方式与途径。在运用这些以学生学习为主要形式的方法时，应当引领学生注意到知识之间的联系，要在自主学习的基础上进行提炼和升华，在合作学习的基础上进行分享与研讨，在探究学习的基础上进行概括与总结，也就是借助于种种不同的引导方式，促使学生对知识有总体把握、整体认识，也就是说要使教学实施多样化。

首先，激发兴趣，自主学习。为了让学生自主学习，教师应激发学生的学习兴趣，

调动学生的学习积极性，最大限度激活学生潜在的学习欲望，使学生主动参与到学习活动中来，同时还应渗透学习方法，结合具体的教学内容将学习过程中的方法教给学生，促使学生学会自主学习。其次，激励创新，探究学习。探究性学习是一种在好奇心驱使下、以问题为导向的、学习有高度智力投入且内容和形式都十分丰富的学习活动，在学生探究性学习中，要善于鼓励学生质疑、教会学生质疑，引导学生联系生活实际或从教材上获取证据来展开探究性学习，并对学生的相关问题作出科学的回答。最后，共同探讨，合作学习。新课标下的课堂教学需要教师积极、有序、有效地组织合作学习，为此，要进行合理的分组，要明确合作学习小组的分工，要重视培养合作学习的技能。让学生在合作中学会学习，在学习中学会合作。

总之，在课堂教学中，要使教学实施多样化，不断去实践、总结、反思，提高学生自主学习、合作学习、探究学习的理论水平和实践技能。

四、教学手段现代化：以信息应用为推手

随着信息技术的飞速发展，教育发展也被深深打上了信息化的烙印，信息技术不仅在改变当下的教育，甚至可能会重塑未来的教育，教育信息化已经成为教育发展不可忽视的潮流。为此，教育部还制定了《教育信息化 2.0 行动计划》，加快了推进新时代教育信息化发展的步伐。因此，以信息应用为推手，促使教学手段现代化、特色化也成了新课程标准的重要目标。

教育信息化既是信息技术发展的必然结果，也是加快教育现代化和教育强国建设、培育创新驱动发展新引擎的必然要求，要以习近平新时代中国特色社会主义思想为指导，以落实立德树人根本任务为抓手。

因此，推动教育信息化落地生根必须坚持以人为本，这也是新课程的重要理念与目标。推动教育信息化、实现信息技术与教育的深度融合，最终目的在于服务人才培养、服务学生成长，信息技术与教育深入融合的核心价值在于“变革学习方式、教学方式、管理方式和教育研究方式，实现人才培养模式的创新，提升学校办学质量和教育教学水平”①。

具体来说，要充分运用大数据和新一代人工智能平台，积极推进“互联网＋教育”，坚持信息技术与教育教学深度融合的核心理念，坚持应用驱动和机制创新的基本方针，建立健全教育信息化可持续发展机制，构建网络化、数字化、智能化、个性化、

① 张立国，王国华．中国教育信息化的科学内涵、阶段特征及演进逻辑［J］．当代教师教育，2019（1）：26-33＋51.

终身化的教育体系，建设人人皆学、处处能学、时时可学的学习型组织，实现更加开放、更加适合、更加人本、更加平等、更加可持续的教育，推动教学手段现代化、特色化。

五、课程评价专业化：以教学研究为抓手

教学研究是教育教学的重要环节，可以使教师相互借鉴、交流、促进，可以推动教师专业水平的提升，进而提高学校的教学质量，最终为学生的发展奠定坚实的基础。因此，在新课程改革不断深化的背景之下，为了更好地落实立德树人根本任务，促进学科核心素养的落实，必须以教学研究为抓手，使课程开发与教学评价专业化，这是新课程标准的重要目标。

以教学研究为抓手，既要求学校从宏观上构建研究机制、营造研究氛围，也要求教师从微观上树立研究意识、学习研究方法。从学校角度来说，应建立以校为本的教学研究制度，“鼓励教师针对教学实践中的问题开展教学研究，重视不同学科教师的交流与研讨，建设有利于引导教师创造性实施课程的环境”，使课程的实施过程成为教师专业成长的过程。从教师角度来说，教师是一所学校发展的核心竞争力，教师要将科研作为自身专业成长的必由之路，重视校本科研，把研究作为自己的一种生活方式。

在新课程标准目标的达成上，新课程改革工作要主动对接《湖南省高考综合改革实施方案》。该方案提出要“通过深化新时代高考综合改革，建立健全德智体美劳全面考查内容体系，构建新时代中国特色考试招生评价体系，建立符合教育规律和人才成长规律、顺应时代要求的普通高校考试招生制度，实行全面发展的考试、综合考核的评价、更加公平的选拔，实现学生成长、国家选才和社会公平的有机统一”① 的改革目标。学校要以该目标为基础，结合学校实际，开展教学研究实践。

在扎实推进课程开发与教学评价专业化的研究实践中，要有组织、有计划、有步骤地开展校本培训，助力教师实现由“课程执行者”向“课程开发者”的角色转变，实现由“带着教材走向学生”向“带着学生走进教材”的观念转变，实现由“教书匠”向“研究型专家”的身份转变，有效提升全体教师特别是中青年教师的业务素质。不仅如此，学校还应扎实推进教学评价体系的构建，对学生采用“学分制管理＋综合素质报告单”的评价，对教师的课堂教学实施“精准及时”的评价，对课程本身则通过“常规监控—调研、评价—结论、反馈”的方式，有效地改进、优化教学评价实施过程。

① 湖南省人民政府．关于印发《湖南省高考综合改革实施方案》的通知［R］．2019.

第三章　课例研究的内涵与特点及目的与价值

国务院办公厅《关于新时代推进普通高中育人方式改革的指导意见》（国办发〔2019〕29号）指出要“深化课堂教学改革。按照教学计划循序渐进开展教学，提高课堂教学效率，培养学生学习能力，促进学生系统掌握各学科基础知识、基本技能、基本方法，培养适应终身发展和社会发展需要的正确价值观念、必备品格和关键能力”。其中的重要途径就是“积极探索基于情境、问题导向的互动式、启发式、探究式、体验式等课堂教学。”“认真开展验证性实验和探究性实验教学。”课例研究围绕高中育人方式的改革进行有益的探讨，具有深刻的内涵与价值。

第一节　课例研究的内涵与特点

对于一线教师来说容易出现“课例”与“课例研究”理解模糊的现象。所谓“课例”是课堂教学具体实例呈现，是以学科教学内容为载体、具有某个研究主题的教学实例。而“课例研究”则表现为教师研究如何改进课堂教学的过程（即“做课例”），是教师在教学过程中，针对教学问题，为了改进教学而进行的研究。

一、课例研究的缘起

课例研究的概念源于日本，是日本中小学教师进行校内专业培训的重要手段，在日本也被称为“授业研究”，一般包括两个部分，即聚焦问题的共同备课和检验问题是否获得解决的评课。1999年，斯德哥勒（James W. Stigler）和黑巴特（James Hiebart）出版了《教学的差距：为改进课堂教学来自世界教师的精彩观点》（Teaching Gap：Best Ideas from the World's Teachers for Improting Education in the Classroom，也译作《教学鸿沟》），并在其中一章专门论述了课例研究（lesson study），自此课例研究开始在美国获得更多关注。2006 年随着世界课例研究协会（World Association of Lesson Studies，以下简称 WALS）的成立，课例研究在世界范围内获得推广。

在中国内地，课例研究最初由上海教育科学院顾冷沅教授引介并作为一种教师培训形式加以推广，2003 年，在教育部要求积极推进校本教研制度建设和开展行动研究的背景下，我国中小学教师开始探讨和实践具有国际认同的确定性意义上的课例研究。也有观点认为，课例研究的雏形在我国早已有之，由传统的听、说、评课为基础演化的校本教研，教学研究（teaching study）和“磨课”研修活动都可视为本土课例研究的表现形式。祝成林、张宝臣认为课堂实录、公开课、观课评课、教研活动、行动教育等也可视为课例研究的本土形态，而发掘本土经验、发挥课例研究多种形态的功效是“课例研究”蓬勃发展的方向。① 具有“中国特色”的教研活动同 WALS 所倡导的课例研究在内容与形式上都有着诸多的“异曲同工之妙”，因此，WALS 主办的国际性学术期刊《国际课例与学习研究期刊》（International Journal for Lesson and Learning Studies，季刊）于 2017 年第四期推出“中国课例研究的理论与实践”特辑，强调对中国经验的关注。事实上，随着“教师即研究者”的观念逐步深入，越来越多的中国学者和一线的教师们开始借鉴“课例研究”的概念以及行动方略完善或者重构教研活动，使这一当前国际流行的教育改革理念与教学实践结合了起来。

二、课例研究的内涵

一般认为课例研究是一种过程或活动。谌启标认为“课例研究”是一种教师联合起来计划、观察、分析和提炼真实课堂教学的过程；② 也有观点认为课例研究是指教师系统地合作研究课堂中的教与学行为，从而改善教师的教学经验和学生的学习经验的综合过程；③ 较多观点强调课例研究作为一种活动的属性，如有学者认为课例研究是以教师为主体的合作性研究；杨彦军、童慧认为课例研究是一种以典型教学内容为载体、以教学实践情境为场域、以实践共同体为单位、以专业引领为支撑、以同伴互助为主要形式、以优化课堂教学质量和提高教师专业能力为核心目的的螺旋上升式的教学研究活动；④ 也有观点基于课例研究的目的，将其理解为教学促进活动，如陈向明认为，

---

① 祝成林，张宝臣．教师专业发展：基于课例研究的视角［J］，教育导刊，2010（1）：77-79.

② 谌启标．基于教师专业成长的课例研究［J］．福建师范大学学报（哲学社会科学版），2006（1）：156-159＋167.

③ TriwaranyuC. Models and Strategies for Initial Implementation of Lesson Study in Schools［J］. International Forum of Teaching & Studies，2007（3）：48-62.

④ 杨彦军，童慧．基于课例研究的教师知识协同建构模型及其实践效果研究［J］．电化教育研究，2015（12）：103-108.

课例研究既是一种教学实践（Lesson），同时也是一种研究（Study），是一种反思性的实践。①

总的来说，对于课例研究的概念界定虽然并不相同，但基本肯定了教师在课例研究中的主体地位以及课例研究中教师团队的合作互助形式，对于课例研究的研究对象是教学实践中的课例也有较为普遍的共识。一般地，课题研究通常意义上是关于一节课的研究，给予一节课的全程或片段作为案例进行解剖分析，找到成功之处或是不足之处，或者说是对课堂教学实践活动中特定教学问题的深刻反思，以及寻找解决这些问题的方法和技巧的过程。例如，如何处理教材，设计好教学方法，才能体现新课标教学理念？课堂探究活动如何组织才有效？各种类型的课如何上效果最佳？不同类型特征的教学班课堂教学如何组织？课例研究是促进教师专业发展的行动研究。

三、课例研究的要素及特点

（一）课例研究的要素

课例研究包含两个要点：一是以学科内容为载体（即以具体学科的某节课为研究对象）；二是围绕某个小的教学问题研究如何改进（即研讨活动有一个聚焦的研究主题）。②

一般地，课例研究由四个要素构成：主题与背景（研究的问题及问题提出的原因），情境与描述（在教学中原始关键片段的多媒体资料或文本描述），问题与讨论（授课思路和过程背后的观点争鸣），诠释与研究（揭示理念或者总结概括主要观点，往往把一节课的教学研究结果推广上升到一类课，涉及学科教学和学习理论探讨以及对该学科的本体性认识和理解）。③

因此，课例研究来源于实践却高于实践，承载着理性成分和理论含量。但是，课例研究所倡导的又是不同于高校以理论建构为目的的研究，而是强调如何在教学实践中应用理论以及如何对教学实践进行理性概括和提炼的“中介”研究。

（二）课例研究的特点

1. 课例研究的情境性

课例研究出发点源自课堂教学现场，应将其置于真实的教育情境之中。对于教师来说，他们的知识大多是镶嵌在具体教育情境中的案例知识，课例研究把教师置于他

① 陈向明. 教育改革中“课例研究”的方法论探讨［J］. 基础教育，2011（2）：71-77.

② 杨玉东. 基于课例研究的实作式教师教育模式［J］. 中国教育学刊，2010（5）：76-78＋82.

③ 杨玉东. 教师如何做课例研究［J］. 教育发展研究，2008（8）：72-75＋82.

们所熟悉的教育场景，有利于教师在原有基础上提高自身的专业知识水平。课例研究直接面对中小学教师的教学一线，关注了教师专业成长的核心问题，特别强调教师在具体教学情境下的教学行为的结构化更新。

2. 课例研究的指向性

课例研究源于问题，终于问题，旨在解决教学实践中的具体问题。课例研究以解决教师日常教学中的实际问题为活动内容，探讨教学设计、评价学生的学习效果以及检验教学设计、教学方法的好坏。教师们在解决这些问题的过程中获得相关方面的知识和技能，因此，教师们带着问题开展课堂教学改进研究，使研究更加具有针对性和实效性。

3. 课例研究的实践性

课例研究强调教师的“做中学”，分层推进并逐步深入。“教学完全不是由实验室里产生或在大学教室里学得整理成的技术和原则的应用而组合的过程”,[①] 教学是一门源于实践、用于实践的艺术。优秀教师的专业成长不是通过书本阅读和培训课程实现的，而是在真实的教育实践中、在课堂教学中学会的。课例研究的主要精力和时间均放在了课堂上，其根本出发点是让教师在真实的教学场景中学习如何教学、如何作教学研究，它是一种强调教师的“做中学”“知行合一”的研究方式。

课例研究对课堂教学的改进是一个渐进的过程，呈现出明显递进的阶段性。如先由学科带头人带领教师共同解决一个教学中的问题，然后由教师分组独立解决一个教学问题。这种分层递进式的“做中学”，让教师经历了在专业引领与同伴互助中开展教学研究的过程与方法。

4. 课例研究的迁移性

教师作为实践者，最关注的是如何操作。课例研究反映的是教学的改进过程，其技术路线和操作模式易于迁移到日常教研活动中，从而使教师在日常教研活动中从借鉴、模仿到内化使用。“课例研究”实际上是“做课例的过程”，展现的是课堂教学研究活动的过程，如研究主题的遴选和明晰过程、同一教学内容连环多次的改进过程以及过程中使用的课堂观察和诊断技术、教研组群体合作的研修技能等。

---

① 瞿葆奎. 教育学文集（教师卷）[M]. 北京：人民教育出版社，1990.

第二节 课例研究的目的与价值

教育部《关于加强和改进新时代基础教育教研工作的意见》（教基〔2019〕14号）对校本教研作出了明确指示："校本教研要立足学校实际，以实施新课程新教材、探索新方法新技术、提高教师专业能力为重点，着力增强教学设计的整体性、系统化，不断提高基于课程标准的教学水平。"加强课例研究，就是为了"服务学校教育教学，引领课程教学改革，提高教育教学质量；服务教师专业成长，指导教师改进教学方式，提高教书育人能力；服务学生全面发展，深入研究学生学习和成长规律，提高学生综合素质"，同时积极推广和应用优秀教学成果。

一、课例研究的目的

（一）在真实的课堂教学场景中加强研讨

在新课程标准背景下，新的理念在教学中如何落实，新的课堂应该怎样设计与实施，对于一线教师来说，仍旧需要对更多的真实的课堂教学案例进行研究。而课例研究就是结合课堂教学进行教育教学研究的一种方式，是将教育理论与教育实践结合起来的最佳途径，是特别适合教师做也是教师最应该做的一项教科研工作。对于课堂教学以及各学科的具体的课例研究是实现教育转型的重要手段。

（二）加强每一位教师的研究意识，优化育人方式，不断推进我校学科研究建设，并不断提升我校教学研究影响力

依托课例研究，着重解决实际问题；将科研成果转化为教学内容，提升教学的前沿性和质量；通过学科研究建设促进教师专业发展，促进学校教育健康和可持续发展。

（三）提升教师的研究能力并推广适合本区域普通高中的特色课堂教学

以具体的课例实施来深化对新课程理念的理解，实现新形势下教育变革稳步接轨。在课例研究的过程中，以课堂作为主阵地，教师即研究者，既可以敦促教师不断更新自身的教育理念，成为研究型教师，又可以让教师根据自身特点、学科特色以及教学内容对教学过程进行研究和反思，从而更好地落实教学目标和教育理念，为教师的有效教学提供鲜活的课堂教学样本。

二、课例研究的价值

课堂教学是教师进行教学研究的第一阵地，从研究的实践价值出发，开展课堂教

学研究的目的是提高课堂教学质量。课堂教学是一项复杂的系统工程，涉及相互关联的许多方面的因素，并且各因素在相互作用的过程中会产生很多影响课堂教学质量提升的问题。[①]

（一）学校层面——为学科研究建设提供实践依据

推进新课程改革，落实新课程新教材教学，打造适合校情的教学思维模式是学校教学研究的主要方向。课例研究本身就是源于广泛的教学实践，是一线教师教学与教研工作中的纽带，在以指导实践为目的的内在驱动下进行的课例研究，会在校本的教研组和备课组层面形成良好的研究教学的氛围，在日常工作中形成研究的自觉意识和习惯，自发形成不同形式的研究共同体，进而推动着整个学校成为实践型的学习共同体，甚至随着教师专业成长需求的不断发展，慢慢会出现校际的研究团队，他们发挥着各自的优势，避免了教师在研究中低水平的重复。

课例研究倡导平等、民主的教研文化。在协作研讨中，教师真诚交流，思想碰撞，共享智慧，共同成长，形成有梯度的学习共同体。共同体内的一线教师专业成长突飞猛进。刚入职的教师加速对教学理念的内化，能够独挡一面；青年教师缩短成长期，优化教学设计和课堂组织安排，完善与学生的沟通技巧，提升教学效果；成熟教师彰显自身的社会价值，贡献个体智慧为集体所用。同时，在合作探讨的过程中，教师会将具体的学科内容提炼升华成教育理念的变革。

因此，课例研究不仅能为学科研究建设提供大量优秀的课例素材，而且还能自下而上地为学校教学理念的转变助力。

（二）教师层面——为教师的专业发展提供平台

1. 课例研究促进教师学科教学知识的发展

学科教学知识是关于如何教的知识，是教师学科内容知识和教育学的特殊整合。舒尔曼认为学科教学知识是教师最有用的知识，而知识获得和知识使用在教学实践情境中是彼此交织的，教师不仅要理解既定的学科教学知识，还需要作为“识知者”在学习活动中加以转化，才能建构自身的学科教学知识。[②] 通过教师间的相互观课、交流与反思，教师的学科教学知识可以得到进一步的发展与提高。一方面，课例研究促进教师之间的经验交流分享，起到了知识的纵向传承作用；[③] 另一方面，由于课例研究的

---

① 沈正元，徐炳嵘，张菊荣．课堂观察：价值、目标、方式与推进策略［J］．江苏教育研究，2009（6）：10-14.

② 安桂清．国际比较视野下的课例研究：背景、现状与启示［J］．教师教育研究，2014（2）：83-89.

③ 谌启标．基于教师专业成长的课例研究［J］．福建师范大学学报（哲学社会科学版），2006（1）：156-159＋167.

过程以解决具体教学问题为核心，因此教师在备课、反思与交流的过程中，不仅实现了新的课程内容和新的教学方法的传播，[①] 也通过以独立备课和教学反思为主要形式的两次个人知识建构，和以集体备课和互动评课为主要形式的两次社会知识建构过程，实现了从个人建构性理解到协作知识建造再到协同知识建构的演进。[②] 课例研究不仅有助于教师扩充和提升自身教育教学知识的含量与质量，使教师更深入地学习教材知识、掌握教育教学知识；也有助于教师进行自主的本体性知识建构，提高教师协同知识建构的水平，为教师专业知识的持续性发展提供助力。课例研究将行动与研究相结合，促进了未来教师"实践性知识"的生长，[③] 为教师学科教学知识的生成和转化提供了重要途径，提高了教师的理论基础。

2. 课例研究促进教师反思能力的提升

美国著名教育心理学家波斯纳曾提出教师成长的公式：成长＝经验＋反思。他认为没有反思的经验是狭隘的经验，最多只能形成肤浅的知识，还不足以拿来借鉴使用。课例研究为教师提供了具体的研究问题，并以解决教育教学中的问题为重点，因此，课例研究的实施有助于培养教师的问题意识和教师发现问题、分析问题、解决问题的能力，[④] 并促使教师带着问题进行自我反思和改进提高；[⑤] 通过对课例与自身教学研究的反思探索，教师综合反思能力也能得到显著提高。因此，基于课例的研究过程是自我发现、自我反思、自我超越、自我成长的过程。课例研究使教师的主体意识得到张扬，使教师对职业生涯价值的认识得到升华，为自己从经验型教师转变为研究型教师架设了阶梯。

3. 课例研究促进教师研究水平的提高

课例研究作为一种专业的教育研究方法，能促使教师关注课堂教学中发生的教学事件或出现的教学问题，理性地思考教学内容是否适宜、教学方法是否得当、教学组织是否合理、教学评价是否到位，从而培养教师的教育教学研究意识和研究能力。[⑥] 课例研究是在具体课例中进行研究，在课例研究中，教师要提出教学过程中的典型问题，要分析所提出问题的背景和症结，要寻求解决问题的方法，要撰写随笔札记，要归纳

---

① 杨帆，夏惠贤. 日本课例研究的特征及对教师专业发展的影响［J］. 外国中小学教育，2008（12）：31-34.

② 杨彦军，童慧. 基于课例研究的教师知识协同建构模型及其实践效果研究［J］. 电化教育研究，2015（12）：103-108.

③ 安桂清. 课例研究：信念、行动与保障［J］. 全球教育展望，2007（3）：42-46＋85.

④ 肖建民. 课例研究是开展校本培训、促进教师专业发展的重要策略［J］. 中小学教师培训，2004（8）：3-5.

⑤ 赵德成. 教师成为研究者：基于课例研究的分析［J］. 教师教育研究，2014（1）：75-80.

⑥ 步进. 师范生课例研究的形态与方法［J］. 连云港师范高等专科学校学报，2018（3）：58-62.

研究过程中的主要事件，要将经验升华为可操作、能推广的规律或策略。课例研究是为了改进教学，而不是让教学进行简单的重复，这就需要教师对于教学规律和教育理论有更加深刻而透彻的认识。这也会促使教师在做中学，在学中做，不断摸索和学习进行研究的基本方法和技能，实现教师向研究者的转变。

（三）学生层面——为学生核心素养的落实提供支持

教育部《关于全面深化课程改革落实立德树人根本任务的意见》对我国中小学课程改革首次提出要“研制学生发展核心素养体系”，并认为学生发展核心素养是“学生应具备的适应终身发展和社会发展需要的必备品格和关键能力”。以“核心素养”为引领的课程改革，把中小学教学内容核心从基本知识和基本技能转向学生的综合素质，将学生核心素养的发展贯穿到各学段，融合到各学科。因此，学生的核心素养是由各个学科共同孕育出来的，对学生核心素养的发展必须从学科课程建设入手。

普通高中新课程的根本目的是立德树人，促进学生全面而又有个性的发展。然而，国家课程所考虑到的是处于高中发展阶段学生共同的、规律性的学习和发展需求；教师所面对的则是具体发展阶段的、具体学校的各类学生。各个学生个体之间虽然有着某一发展阶段所具有的共同的身体特征和心理特征，但他们来自不同的家庭，有着不同的性格特征和行为秉性，有着不同的发展潜能。同一课程或许能考虑学生共同的、规律的需要，但显然难以满足有着不同家庭背景、不同身心特征、不同发展潜能的学生的个性化需要。

在课例研究中，教师作为研究者，研究内容上更多聚焦于具体的学生，从学生终身发展和社会变化的需要出发，对具体问题进行具体分析，着眼点和着力点集中于人的主体性的体现和培育，指向对人的个性差异性的尊重和彰显，强调学生在课程活动中的主体地位和主动作用，课程实施过程和方法则注重整体推进和分层分类指导相结合。通过课例研究的不断反思和修正，尽可能地做到因材施教，促进学生健康而有个性的成长。

第二部分　课例研究的校本实践

第四章　课例研究的校本策略

第一节　确立课例研究的标准

确定一个有价值的课例研究问题，对课堂教学的发展必将起到积极的促进作用。一个“好”的课例研究问题应具备以下基本特征。

一、重要性：问题有特别价值

问题的意义是确立选题的重要依据，制约着选题的根本方向。值得人们探讨的研究问题，不仅对本研究领域具有好的内部价值，而且对其相关领域如心理学、哲学等也有较高的外部价值。衡量选定的课例研究问题有无意义及意义的大小，主要是看两个基本方面。

(一) 问题的实践价值

所选择的研究问题是否符合社会发展、教育发展的需要，是否有利于提高课堂教学质量，是否促进青少年全面发展。这方面强调的是问题要具有重要的应用价值，选题维度要广，要从当前课堂教学的实际出发，针对性要强，选取有代表性的，被普遍关注、争论较大的亟须解决的问题。

(二) 问题的理论价值

所选择的研究问题是根据教育科学本身发展的需要，检验、修正、创新和发展教育理论，是建立科学的教育理论体系的需要。这方面问题一般较专业、深奥，具有重要的学术价值，在理论上要有所突破和建树，或有重要的补充和完善。

课例研究的实际问题，有的强调应用价值，有的强调学术价值，有的二者兼而有之。但无论哪一种，都要选择那些最有意义的教育问题作为研究对象。要“从大处着眼”，用综合的、普遍联系的观点，去分析研究具体课例某一方面及其各要素之间的相互关系。提高课例研究价值的有效方法之一是深入课堂，关注课堂热点问题，将研究与课堂教学的热点、难点问题结合起来。

二、科学性：行为有实际根据

选题是在充分占有资料的基础上形成的，以科学原理为依据或有事实依据。

（一）选题要有理论基础

选题应以教育科学基本原理为依据，这就是选题的理论基础。教育科学理论将对选题起到定向、规范、选择和解释作用。没有一定的科学理论依据，选定的问题必然起点低、盲目性大。

（二）选题要有事实依据

选题要有一定的事实依据，这是选题的实践基础，研究问题是从实践中产生的，具有很强的针对性。对于课例研究来说，绝大多数问题都源于课堂观察和课堂实践，在实践中发现问题，在实践中解决问题，是课例研究的最典型的特点，因此，在选题上要有据可循，以解决客观存在的问题为旨归，而对于客观问题的研究需要以一般的教育学规律为导向，因此，选题的理论基础和实践基础制约着选题的全过程，影响着选题的方向和水平。为保证选题具有科学的现实性，还需要对选定的问题进行充分的论证。

三、明确性：内容须清晰具体

怎样使研究的问题能够具体清楚？研究问题中涉及的重要概念首先应明晰具体。

（一）概念的针对性

研究中涉及的重要概念一定是可以给出操作性定义的。选择研究问题要“从大处着眼”，同时要“从小处着手”，选定的研究问题一定要具体化，界限要清，范围要小，不能太笼统，问题是否具体往往影响全局的成败。那种大而空、笼统模糊、针对性不强的问题往往科学性差。

（二）概念的公共性

研究中涉及的概念最好是学术界公认的术语。如果概念存在争议，必须自我界定。只有对问题有清晰透彻的界定，才能对建构指导研究方向的参照系统提供最重要的依据。比如说，课例是关于一堂课的教与学的案例，课例研究是以教师的教学实践为基础，围绕一堂课的教学全过程或若干要件进行描述与探讨，以实现“研究性”的教。

四、可行性：研究具可操作性

所谓可行性，指的是问题能被研究的，存在现实可能性。具体包含三个方面的条件。

（一）客观条件

在进行研究时不仅需要考虑必要的资料、设备、时间、经费、技术、人力、理论准备等条件，还有科学上的可能性。有的选题看起来似乎是从教育发展的需要出发，但由于不符合现实生活实际，违背了基本的科学原理，也就没有实现的可能，这样的选题不仅徒劳，并且常常会导致实践的盲目性。

（二）主观条件

选题时要权衡研究者自己的条件找结合点，要从研究者本人原有知识、能力、基础、经验、专长、所掌握的有关这个问题的材料及对此问题的兴趣进行考虑，选择能发挥自己优势特长的问题，有的人擅长实践操作，就不一定非要选理论研究问题；反过来，有的人擅长理论思维，就不一定非要选择实践研究问题。对于研究的初学者，最好选择那些本人考虑长久、兴趣大的问题，而一线教师选题最好小而实。总之，知己之短长，扬长避短，只有这样才能尽快出成果。

（三）时机问题

选题必须抓住关键性时期，什么时候提出该研究问题要考虑有关理论、研究工具及条件的发展成熟程度。提出过早，问题会攻不下来，前几年有人曾尝试从生理学角度，通过对脑电图的研究来考虑人的认识规律，但由于各方面条件还不完善而调整。提出过晚，又会被认为是亦步亦趋，毫无意义，这里有一个胆识问题，善于抓住新问题，又要注意时机。如何辨别有希望的线索，是研究艺术的精华所在。

第二节　寻找课堂教学的问题

课堂教学作为一个重要的研究载体，可以从教学目标的设定规划、教学过程的行为追踪、教学效果的反思评价等多维度、多角度进行分析和研讨，对于每一个环节的精益求精，能够更好地提升整体教学的有效性。课堂教学研究是将课堂教学这项实践性活动转变成研究性活动的有效途径。在教学过程中发散出来的问题，可能是易于观察的显性问题，也可能是难以发现的隐性问题；可能是易解决的个性化问题，也可能是教师普遍比较困惑的共性问题；可能是教师主观原因造成的问题，也可能是客观原因造成的问题……总而言之，从客观存在的实际问题出发，针对不同的问题，进行正确的归因与分析，寻找对策、解决问题，这才是进行研究的最终目的。因此，从这个层面来说，问题的发现尤为重要，它决定了研究的价值、意义以及可行性。作为一线教师可以从哪些方面来寻找和发现问题呢？这不仅是实践经验的总结，也是实践经验的深层加工。

一、教学目标的厘定与问题域

基于具体内容的课堂教学，教学目标是连接教育理念与教学实施的纽带，是教育理念在教学实施中的具体呈现。教学目标的设计和确立，不仅对课堂教学的实际效果发挥着重要作用，而且也影响着教育理念的实现程度。

（一）教学目标设计上普遍存在的问题

1. 教学目标设计形式化

课堂教学目标的设计缺乏系统性和渐进性，多数一线教师会照搬教学参考书上的相关教学目标设计，于教师而言，在意识层面认同教学目标，对于整个教学活动具有统筹指导作用，但在实际操作层面缺乏对教学目标的深度思考。教学参考书上给出的教学目标，只是供一线教学工作者参考的一般化指标，但教学活动是具体的个性化活动，不同的教学对象其情况不尽相同，教学活动的社会支持也有所区别，这需要教师根据自己所处的具体情况，对教学目标的设计进行完善和修订。

2. 教学目标设计的机械化

教学目标设计的机械化最显著的特点就是对于三维目标的机械化套用，将教学目标人为划分为“知识与技能”“过程与方法”“情感态度与价值观”，甚至出现三维目标割裂的现象。此外，教师在设计课堂教学目标时，经常使用布卢姆教育目标分类法划分认知领域所用的一些关键词，比如回忆、理解、应用、分析等词汇，将这些动词套用在教学目标中。由于布卢姆教育目标分类法具有一定的抽象性，会给教学的具体操作的指导带来一定的盲目性，这会使教师设计的课堂教学目标出现层次混乱的现象。

3. 课程标准意识缺乏

教师在进行教学目标设计时，更偏向于参考教材本身以及相关的教学参考书，而对于明确提到的用于指导教师的教学实践的课程标准却关注得很少。课程标准中对于学科课程的教学有一个上位的设定，课堂教学目标是具体落实的下位目标，它们之间存在一以贯之的统一性和承接性，因此，不能进行脱离教学理念指导的孤立教学。

2017年新版课程标准明确提到了发展学生的学科核心素养，而如何在具体的课堂中落实，也将是教学目标设计的有效性指标。

4. 对知识的片面关注

由于应试的压力，一线教师在教学中更多地关注知识的达成。虽然新教材比较注重学生能力和情感的培养，但是考试还是主要考知识方面的内容。加之目前教学评估模式的局限性，也成为牵引教学趋势的一条隐线，教师更加倾向于效果容易外显化的知识目标的达成，而对于能力和情感价值观方面的目标，由于操作难度大且不可量化而被明显削弱了。这也是教学目标在设计上存在的不匹配现象。

（二）基于教学目标问题的可研究方向

1. 探讨合理课堂教学目标的内涵

不仅可以对与课堂教学目标有关的基本知识进行梳理，还可以对什么是课堂教学目标设计和实施等一系列问题进行考察，比如设计主体是谁，设计参考依据、价值取向、动力机制是什么，设计的过程如何，最终呈现的课堂教学目标如何表述等。在此认识基础上，从学生、教师、课堂教学目标、设计环境等方面对已有研究及实践状况进行反思，指出欠缺和不足。尝试通过对这些方面研究的认识，来定位新课程改革下合理的课堂教学目标应该是什么、有什么特点。

2. 建构新的教育目标分类体系

教育目标体系为课堂教学目标在内容和结构上的组成提供了框架模式。在我国，大多数教师仍然还是习惯于以布卢姆教育目标分类法来设计自己的课堂教学目标，但布卢姆教育目标分类法注重认知以及重视学生外显行为表现，忽视了对学生内心感触的关注，因而需要建构新的教育目标分类体系，为课堂教学目标在内容和结构上提供借鉴框架。新的教育目标分类体系的构建，不仅要把握整个课程改革的理念和要求，而且还要抓住基础教育的核心关注点，围绕核心关注点，建构适应新课程要求的教育目标分类体系。

3. 设计合理的课堂教学目标

在教育实践本身的逻辑内寻求合理的课堂教学目标设计方法。基于当前教师课堂教学目标设计的主要依据——课程标准进行思考，并针对很多教师存在“有标不依”“有标不会依”或“有标不能依”的情况，思考如何基于课程标准设计课堂教学目标。另外，还需进一步关注的是，即使是按照课程标准来设计，但当初步设计出来的课堂教学目标在课堂教学中实施时，实际的教学实践仍会出现多种状况，比如有必要思考如何处理课堂教学目标预设和生成的关系问题。最后，在此基础上，对整个课堂教学目标实践进行反思，调整原有预设目标的不合理之处，完善课堂教学目标，为以后的课堂教学目标实践积累经验。

4. 教师作为践行目标的能动主体

在教师作为课堂教学目标设计主体的视角下，寻求合理的课堂教学目标的建构策略。从课堂教学目标实践应然的参与者分析入手，指出教师是课堂教学目标实践的实际主体。但很多情况下教师实际上是在扮演虚假主体的角色，那么，如何让实际的课堂教学目标设计成为主体，从边缘的看客走向在场的、真正意义上的主体值得思考和研究。[①]

二、教学行为的转变与问题域

课堂教学行为是师生“共同体”在课堂教学情境中共同促进积极教学和自我发展的整体行为。[②] 教学行为是教学活动及教学实践的根本，在教学目标的指引下，教学行为成为体现教学理念、落实教学策略与方法的实质性教学活动。新课程教学理念下课堂教学行为的转变成为课堂教学研究的一个重要来源。

（一）新课程教学理念下课堂教学行为的转变

新课程的改革使教师对课程、教学、学习和知识等方面有了新的认识，比如，学习是社会性的知识构建的过程，教学过程是师生交流与互动的活动，教师要超越文本，与学生一起创造课程，让课堂能动态生成，创设良好的课堂教学情境等。在这样的背景下，教师只有不断地学习这些新的理念、探索新的方法，才能使自己的教学行为适应时代的要求，并保持可持续发展的潜力。

与传统课堂教学相比，新课程改革的要求发生了很大的变动，表现与信息时代和学习社会相一致的新理念与新特点。这些变动涉及教师角色、学生角色、师生关系、课程意义、知识获得、教学方式、学习方式和教学评价等诸多方面，体现了新课程改革的发展趋势以及基本方向。新课程改革要求教师提高素质、更新观念、转变角色，必然要求教师的教学行为产生相应的变化，如在对待师生关系上，新课程强调尊重、赞赏，“为了每一位学生的发展”是新课程的核心理念；在对待教与学的关系上，新课程强调帮助、引导和互动；在对待教师专业发展上，新课程强调教学反思，提倡通过积极地反思实践活动，促使教师形成自我反思的意识和自我监控的能力；在对待与其

① 闫艳．课堂教学目标研究［D］．上海：华东师范大学，2010．

② 张建琼．课堂教学行为优化研究［D］．西北师范大学，2005．

他教育者的关系上，新课程强调合作；在教学评价方面，新课程强调发展性评价等。了解与认识当代课程教学的新变化与新理念，对于教师按照时代的要求，积极转变教学行为，有效地开展教学活动有着重要的意义。

（二）新课程教学理念下课堂教学行为的研究新思路

1. 教师角色行为转变研究

在新课程理念指导下的教师应该成为学生学习的引路人，是学生自主学习，自主发展的组织者、指导者、参与者、研究者、服务者，是教学全程的管理者。知识的训导、传授只是教师的一种角色，而不是唯一的角色。所以，教师应该充分认识传统教师角色单一性的弊端，树立教师角色复合性特点的新理念，在教学活动过程中，应该根据教学的需要和学生的发展，实现其多重角色行为的有效转换。

2. 教学准备行为转变研究

新课程要求的备课行为是以指导学生怎样以自主学习促进自主发展为目的，将备课的重心由学什么转向怎么学。备课注重集体单元项目化备课，将个人备课与集体研讨相结合。转变备课的前置性观念，要将其作为贯穿整个内容的持续性活动。课前重预测设计，课中重个别服务，课后重反馈调控。在教学设计方面，强调教学目标是站在学生角度描述学生学习行为变化的过程和结果。面向不同的学生设计目标，采取分类目标设计或个别目标设计，且应根据新内容将教学目标与要求分类设计。

3. 教学实施行为转变研究

新课程主张多元互动的教学方式，在教师的指导下，学生与教材、学生与老师、学生与学生、学生与问题情境等进行多元互动的教学方式，以实现多元智能的个性构建。提倡先学后教、以学定教，先做后导、以做论导，坚持教为学服务，课前的教学设计服从于课中学生学习的实际需求。新课程改革强调，课堂教学活动的有效开展与课堂教学思维方式密切相关。课堂教学行为受制于具体的课堂教学情境，因此，在课堂教学实施过程中，要注重创设思辨性、生活性、启示性、愉悦性、感染性、鼓动性、体验性、实践性、展示性、互动性及生成性等各种教学情境，使其既具有生动的形式，又包含丰富的内容，使学生在思想、知识、情感、能力和个性等各个方面获得全面的发展。在课堂教学活动过程中，通过有效的课堂教学思维方式，创设有效的课堂教学情境，教学指向不同需求、具有差异的学生个体，让学生学会选择，确立自己的学习目标，促进学生整体素质的和谐发展和个性的充分发展。

4. 教学评价行为转变研究

新课程教学评价要求，不仅要关注学生在语言逻辑和数理逻辑方面的发展，而且要通过建立新的评价指标和改革评价方法，发展学生其他方面的潜能，诸如与人交往的能力、适应环境的能力等。评价应充分了解学生发展过程中的需求，关注个别差异，帮助学生认识自我，建立自信。评价方式也要多样化，不仅要重视量的评价，还要重视质的评价。评价的功能要由侧重甄别筛选转向侧重学生的发展。另外，还要强调评价的真实性和情境性，不仅要重视学生解决问题的结论，还要重视学生解决问题的过程。

三、主体素养的发展与问题域

教学是教与学的双边活动，在教学过程中，对于能力发展的评估，不仅包括学生学习能力的发展，而且也包括教师教学能力的发展。从不同角度出发进行探讨，可以为课堂教学研究带来新思路。

（一）学生核心素养的发展面临的挑战

学生核心素养的发展一直以来是研究者关注的重点话题，也是学生能力发展的重要方面。要使学生核心素养的发展通过课堂教学来落实，需要对教学活动作整体系统的思考，构建基于学生核心素养发展的教学系统并开展实验研究。正如赞可夫为了落实学生一般发展的教学任务，构建发展性教学系统并开展长达 27 年的发展性教学实验一样，在构建基于学生核心素养发展的教学体系之前，需要对学生核心素养的发展走向教学的一些基本问题进行理论思考。包括基于学生核心素养发展的教学性质、教学目标、教学过程和教学评价是什么，落实学生核心素养发展的教学活动性质如何定位，课堂教学是否是落实学生核心素养发展的主阵地，基于学生核心素养发展的教学目标如何表述，基于学生核心素养发展的教学内容是什么，基于学生核心素养发展的教学过程和方式是什么，基于学生核心素养发展的教学效果如何评价等。[①]

总体来看，学生核心素养的发展为教学提出了新的任务、新的价值取向和改革方向，需要对教学活动的性质、场所和教学实践活动系统做出变革。但是，基于学生核心素养发展的教学变革并非易事，需要考虑实施核心素养的教师是否具备与异质群体打交道、善用工具、善待自我的核心素养，需要考虑落实学生核心素养发展的学段培养目标、课程标准、教材等是否配套。因此，学生核心素养要全面走向教学，尚需要一系列的转化过程和条件。但是，关注学生发展的教学理论和实践探索一直在进行中。学生核心素养发展的研制和落实，引发的不是教学是否要关注学生发展问题的思考，而是在新的社会历史文化条件下，面对多元复杂的教育教学价值取向，我们应坚持何

① 胡定荣．学生发展核心素养的发展观及其教学变革［J］．课程·教材·教法，2017（10）：56-62．

种学生发展观，如何才能找到学生发展的正确方向、真实动力和有效途径。这些问题需要进一步通过发展性教学理论和实践探讨来走向深化。

（二）教师课堂教学核心能力的发展研究

教师课堂教学核心能力是教师课堂教学能力体系的关键部分，其所包含的能力要素之间相互联系且相互影响，构成一个有机的整体。核心能力部分在教师课堂教学能力的发展中起着重要的推动作用，为教师课堂教学能力的发展提供重要的动力。在教师课堂教学核心能力中普遍关注的能力要素有教学监控能力、教学反思能力和教学研究能力，三个维度之间具有一定的关联性，具有较大的研究空间。

教师的教学监控能力是教师从“经验型教师”向“专家型教师”转变的内在机制。① 可以从以下方面进行研究：对自身教学活动具有事先计划和安排；对实际教学活动进行有意识的监察、评价和反馈；对自身教学活动进行调节和矫正；对自身教学活动进行有意识的控制等。

随着教学观念的革新，教师的角色内涵也被赋予了诸多的深刻内容，教师不再是知识的传授者，而是反思性实践者。课堂教学反思能力可以从对课堂教学实践的检视能力、对课堂教学过程和结果进行理性分析的能力、总结和提炼课堂教学实践重要经验的能力、主动探究课堂教学问题的解决方法等进行研究。

教师之所以成为教师，更多的是“自我塑造”（self-made），而不是“被塑造”（be-made）。课堂教学研究能力着眼点在于解决课堂教学实际问题的能力，基于现实需要开展相关课题研究的能力，将自身的教学经验转化为知识的能力，针对教学问题开展自我研究的能力等。

教师的课堂教学能力是在不断的实践中形成和发展的，教师的教学行为具有很强的创造性。通过对教师课堂教学能力的研究，教师在课堂教学这个开放系统与教师自身能力系统的交互运作中处理和协调各方面的因素和矛盾，从无序走向有序，促进教师自身专业能力的提升和课堂教学效果的提升，创造有效的课堂教学。②

第三节　探索课例研究的方法及路径

学校为教师的教学研究创设了平台，并且在不断的实践和摸索的过程中也形成了

---

① 彭桂芳. 论教师教学行为监控能力：内涵、特征与结构［J］. 课程教学研究，2014（2）：17-21.

② 白虹雨. 中学教师课堂教学核心能力的结构研究［D］. 西南大学，2018.

具有校本特色的课例研究方法和路径。如健全校本教研制度，开展经常性教研活动，充分发挥教研组、备课组、年级组在研究学生学习、改进教学方法、优化作业设计、解决教学问题、指导家庭教育等方面的作用。

一、校本课例研究的方法

（一）自我反思

自我反思是教师以自己的教学行为为思考对象，对自己在教学中所作出的行为以及由此产生的结果进行自我审视和分析的过程。一般来讲，自我反思是一种理论和实践之间的对话，是教师一种深层次的教学体验。只有教师的反思成为个体的自我意识，成为自觉自愿的行为，研究才能成为现实，才能产生实效。因此，自我反思是课堂教学研究的起点与最基本的形式，也是开展集体研究的基础。[①] 基于这样的考量，我们将教师的自我反思作为实现课例研究的重要途径，在日常的教学工作中，强调教学后记和反思的重要性。学校鼓励教师将课堂教学中发现的问题、存在的困惑、获得的感悟及时记载，组织教师进行教学案例、教学反思的撰写与评比。教师在这样的鼓励机制的敦促下，将研究常态化、日常化。教师时刻以研究的态度审视、分析自己的课堂教学行为与结果，保持一种有意识的思考和批判，从而发现教学中许多不确定的、复杂的问题。立足本校实际的反思，也为其他教师的教学开拓新思路。在这样的良性循环之下，学校的研究氛围越来越浓厚。

（二）同伴互助

教师通过自我反思进行课例研究的优势，在于灵活性大、自主性强，但由于个人的知识和经验是有限的，在课堂教学过程中可能存在因为客观或主观原因不能有效解决的问题，还可能存在着大量教师自己意识不到、发现不了的隐性问题，而这些问题的解决就需要依靠同伴互助来解决。我们为了更好地提高同伴互助的有效性采取了一系列的措施。

（1）师徒结对。为了能够有效地帮助青年教师的专业成长，对新入职或第一次从事新的教学岗位的老师，会对应地匹配一位有经验的老师，结为教学师徒。因为教师知识主要包括本体性知识、条件性知识与实践性知识。实践表明，专家型教师与普通教师在本体性知识与条件性知识方面差别不太明显，关键在于实践性知识的不同。这类知识是教师知识结构中最有价值且最有效用的知识，对教学实践具有引导性，是教

① 王鉴．教师与教学研究［M］．兰州：甘肃教育出版社，2013．

师专业发展的生长点。因此，师徒结对的制度有效地发挥了“传帮带”的作用，有利于促进教学研究的有效进行。

（2）集体备课。集体备课是学校长期以来坚持的一项教学常规活动，为了集中更多教师的智慧，使教学目标能够更好地落实在每个教学班的每一堂课中，学校实行了“主备＋二备”集体备课制度。在集体备课中，每一个教师都能参与探讨，发挥集体的智慧。每周的集体备课活动必须有这么几个环节：反馈本周集体教案实施情况，进行教学归因分析，形成教学后记；研究已分头准备好的下周将实施的教案，优化后形成集体教案；根据班级学情进行个性化处理后形成自己有特色的二次备课。集体备课的过程是集中教师智慧进行学情分析、教学准备、教材处理、课后反思和总结提高的过程。此外，学校为老师们创建了“学科资源”共享平台，能够更好地实现资源共享。

（3）开放课堂。鼓励同一学科或不同学科、同一年级或不同年级的老师推门听课，这一举措有效促进了教师对自身教学的关注，为课例研究提供新的生长点。此外，我们建立了“一月一主题”课堂教学研讨机制，即每个月以教研组为单位推出至少 2 堂新课程校本化实施的校级示范课或特色课，每月 1 个主题，如学情分析和新课程内容的整合、拓展等。随着教学研究的不断扩展和深入，学校还利用工作室（站）等各种平台组织了学校之间的校际同课异构等活动，为老师们提供更多的研讨机会。听课教师在课堂上所进行的观察其实就是一种客位的课堂教学研究，比较客观公正。而且，由于他们不考虑教学的进程与课堂的场面，所以可以就某一个问题进行较为深入地观察，并把多变的课堂教学尽可能地描述下来。这样，授课教师在同事或同伴的帮助下，可以更加有针对性地发现并解决自己课堂中存在的隐性问题。授课教师与听课教师在坦诚合作的基础上，能够发现课堂教学中存在的各种问题，并展开研讨，有效解决课堂教学中存在的各种问题。

（三）专业引领

课堂中存在显性和隐性问题，而且这些问题有的是教师存在的个性化问题，有的是教师普遍存在的共性问题。对于共性问题，单凭教师的经验和互助是无法得以有效解决的。因此，这就需要依靠专业引领解决问题。专业引领就其实质而言，是理论对实践的指导，是理论与实践之间的对话，是理论与实践关系的重建。

1. 听取专家的理论讲座

为了让教师迅速理解新课程的理念，一方面学校聘请了市内外专家来学校进行讲学，开展以教研组为单位进行的学科专业理论培训；另一方面我们充分借助互联网时代现代教育的便捷性，组织老师们参加各级关于新课程理念的培训。通过这些理论培训，老师们充分了解了大课程论与现代课程观，青少年心理发展理论，高中新课程实施方案，普通高中课程结构和课程管理，普通高中新课程校本化实施的必要性、可行性与操作流程等，为教师研究新课程、实施新课程奠定基础。

2. 邀请专家组进行具体指导

学校充分利用长沙市名师农村工作站、宁乡市名师工作室、宁乡市教研中心等平台，邀请学科专家来校对各教研组开展学科教学的工作进行指导。同时，学校组建督学、学科建设带头人队伍，实行推门听课，以调查课堂教学情况，及时从教材处理、学情分析、教案编写、课件的制作与运用、课堂教学的基本程序与课堂管理，甚至课后辅导的内容、方法与途径等方面提出改进意见，有效地促进了教师队伍整体素质的提高。

二、校本课例研究的不同维度

课例研究虽然是基于课堂的教学研究，但是随着教学资源的日益现代化以及教学区域的不断拓展，课例研究也在不断创新，更加具有新意和时代感。结合本校的一些经验，目前课例研究的视角和维度在不断朝纵深发展，课例研究的形式也日益多样化。

（一）从“课”的维度设计课例研究

（1）同课异构。同课是同一课题、同一教学内容，异构是在不同班级采用不同教学方法。同课异构的目的在于研究同一课题的多种教学方法，比较这些教学方法的优劣。

（2）异课同构。异课是不同课题，甚至是不同学科的不同课题，同构是指同一研究视角，或同一研究问题，或同一教学方法等。异课同构的研究价值在于在不同的课中比较归纳同一问题的呈现方式、方法等。

（3）同课同构。同课是同一课题、同一教学内容，同构是指相同的教学设计、相同的教学方法等。同课同构的设计是为了研究教学生成，研究师生互动，研究学生的差异性行为。

（4）一课两看。一课是指一节课和该节课的课堂录像，两看是指一次随堂观课和一次录像回放观课。一课两看的研究价值在于对课作深入研讨，促进教师深入反思教学。

（二）从“人”的维度设计课例研究

（1）多人研究课。可以安排多人执教同一课题，实施同课异构，也可以安排多人执教不同课题，开展异课同构。其研究价值在于比较不同人的教学风格和特点，比较不同人在相同问题上的处理方法和策略等。

（2）一人研究课。若干节研究课，让同一人执教，可以设计成一个人的同课异构，也可以设计成一个人的异课同构，或者设计成一个人的同课同构。其研究价值在于探寻一个人的教学风格和特点，探寻不同教学方法的优劣，或者探寻预设与生成的关系等。这种研究情境，由于“同人”这一变量得以控制，所以研究教学方法、策略、学生等变量更有意义和价值。

（三）从“班”的维度设计课例研究

（1）异班研究课。即研究课安排在不同的班级进行，执教人可以是一人，也可以是多人，课题可以相同，也可以相异。此种形式的安排，研究的着眼点重在教师的教，教什么，怎么教，为什么这么教等。

（2）同班研究课。即研究课安排在同一班级进行，同一班级是控制变量，可以安排多人在同一班级执教多课题，“多人”是变量，我们研究的着眼点在师生关系、教师的教学组织能力等；也可以安排一人在同一班级执教多课题，这时教师、学生都是控制变量，教学设计、教学方法、教学组织形式等是自变量，研究的着眼点在不同教学的教学效果等。

（四）从“级”的维度设计课例研究

这里所说的“级”特指年级，我们的研究课可以着眼年级这个变量，确定教学内容。

（1）同级研究课。研究课安排在同一年级进行，进行同课异构，年级、课题都是控制变量，研究着眼于教师、教学方法、教学效果等。

（2）异级研究课。研究课安排在不同年级，授课课题确定为“同题”，授课人可以相同也可以不同，研究的着眼点在教学内容的确定。

（五）从“目的”维度设计课例研究

（1）从宏观方面看，研究目的主要有示范性研究、评比性研究、评估性研究、专题性研究等。

（2）从微观上看，我们的研究可以着眼于一些小的专题或主题，如不同文体教学研究、整本书阅读教学研究、综合性学习教学研究、不同教学方法研究、名家课堂教学研究等，根据研究需要，我们可以进行不同主题或专题的设计。

（六）从“媒介”维度设计课例研究

（1）线下课堂。传统的课堂教学，师生面对面教学，对教学生成可以直观有效地呈现，而且能够灵活机动地进行差异性调整。

（2）线上教学。随着多媒体技术以及互联网的普及，线上教学也已成为传统教学的一项有效补充，可以打破时间和空间的限制，减少不必要的机械重复，比如最常见的“微课”视频教学，这在我校的物理、化学、生物等科目的实验教学中运用得比较普遍。

三、校本课例研究的路径

课堂教学是一项复杂的系统性工程，因此，课例研究也不是一蹴而就的，它需要不断地研讨和完善，是循序渐进螺旋式上升的过程。学校为教师开展课例研究提供了各种各样的平台和机会，引进来的示范，走出去的研讨，都在敦促各个学科的老师在潜移默化中不断深化对课例的研究。在这样的研究型大背景下，也逐渐形成了具有五中特色的课例研究的路径。

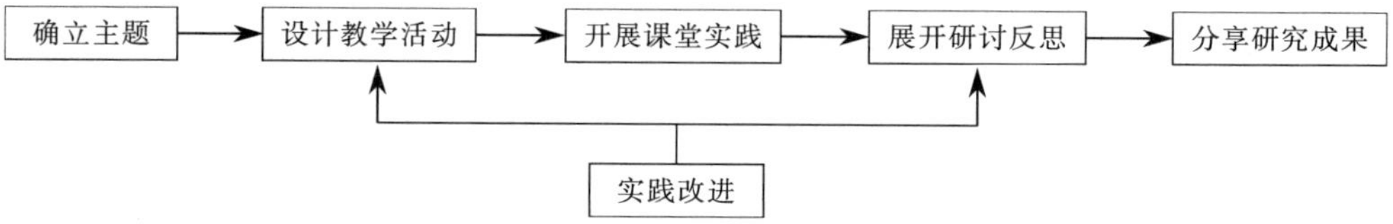

课例研究的路径

（一）确立主题

“课例研究”是为了解决教学实践中的困惑，因此，主题的确立应从实际需求出发，选择个人或团队感兴趣的问题，问题可以来源于自己在教学过程中的思考，也可以来源于作为观摩客体发现的问题，甚至可以是对教学理论的实践研究。此外，还可以依托于学校的研究背景，分学科进行相关子课题研究，将成果推广。

（二）设计教学活动

研究的主题确立后，教师就要着手设计教学活动了。在设计教学活动的环节，要充分发挥集体备课的优势，集中研究共同体的智慧。通过搜集前人类似的研究成果，综合具体的情况，形成教学活动的初步计划，然后再集中组员进行讨论、修正，最终形成一份用于“课例研究”的教学设计。在进行教学设计的过程中，学校有如下经验以供参考。

1. 进行系统的学情分析

精准的学情分析是课前充分预设的基石，学生近年来“自主”学习意识逐渐加强。我们在授课之前会让学生先进行自主学习，并且以“疑惑摘要”的形式呈现预习中遇到的问题，对学情进行精确分析。课堂上以问题为导向，建立问题化课堂教学体系，不断提高课堂教学中探究的比例、含量、层次和质量，从而实现课堂探究常态化，促进各科教学的整体转型。

2. 进行教学活动设计

为了对教学活动有一个更清晰的判断，我们对教学活动设计环节主要强调情境创设、探究学习和迁移运用三部分，在具体的环节下可以进一步划分子项目，突出教学过程中体现的教学理念，如设疑自探、解疑合探等。在情境创设环节思考：教师提出“大问题”如何“放”下去？以怎样的方式呈现资源？如何有效利用这些资源？怎样促进生生互动、师生互动？应对学生各种可能的方案是什么？思考如何“收”得有层次？核心问题如何生成与展开？在探究学习环节思考：问题之间是否有内在联系？问题的思考是否有递进和提升？如何形成生生互动、师生互动？如何收放合理、自如、有效？如何总结提升与内容延伸？在迁移运用环节思考：如何概括性地总结？如何提炼学习方法？如何设计延伸性课外作业或活动？

（三）开展课堂实践

课堂实践是对之前设计的教学活动进行检测和分析，需要对教师与学生的双边活动都进行观测，并且要对课堂生成性问题进行重点关注。教学设计和教学实施之间本身就存在一定差距，即便进行了十分详尽的课前调研和准备，也有可能出现不可预期的情况，而这又将成为二次研究的新的增长点和突破口，甚至会成为创新点，因此在进行课堂实践时需要对教学环节的具体实施效果进行观测和监控，并且进行翔实的教学记录。

（四）展开研讨反思

这个环节就是集中研讨的评课环节。以备课组或教研组为单位，评价时，首先是主讲教师反思课堂活动中学生存在的弱势以及教师自身在教学过程中存在的问题；其次是听课教师汇报在课堂观测中观察到的老师与学生的状态，包括老师对教材与课堂生成问题的处理、学生的课堂参与程度、学生的课后提升等；再次是双方共同探讨如何来解决教学过程中存在的问题；最后双方共同分享自己的所得。当然，在整个研讨过程中，观点的异化和碰撞是无法避免的，但要抓住研讨中话语协商的本质。其中，第二步到第四步是可以循环再生的，通过课后的研讨反思，进行总结归纳与教学设计的修正，从而进入下一轮“实践改进”，使“课例研究”活动呈螺旋上升式的推进。

（五）分享研究成果

让所有的教师均可分享到课例研究的成果，这是课例研究活动的一个重要目的。

1. 撰写说课报告

报告包括说课和教学反思两个主要内容。说课要重点对教材、课标、活动设计意图等进行说明。教学反思要求从教材内容与课标的统一性、教学目标的达成、流程设计、学生与教师在课堂中的表现、改进措施等方面进行。课例研究是一个系统性很强的教学实践修正过程，所以，一个课例研究中的课例在实施完第一轮课堂实践研究后，将会在其他相同班型中进行第二轮、第三轮甚至更多轮的实践改进。这种撰写成果报告的呈现方式，不但可以促进教师对研究历程的回顾，促进教师将理论与实践有机地进行整合，更将促进教师建构出一套完整、高效的教学方法。

2. 形成校本资源，共享成果

学校每月进行一次主题教学研究活动。我们将老师们在研究过程中所有的资料收集，形成文档，整理成校本资源，让老师们共享。目前，这种成果分享已成为促进教师专业发展的重要方式。

第五章　课例研究的校本经验

我们面对课程改革的新形势，与时俱进、不断学习、更新观念、改进实践，提升教学水平，在原有的教育积淀的基础上，不断地融合新的教育思想和观念，推陈出新，在传承中发展，让学科核心素养在课堂中能够不断生成、滋长，形成学生人格发展和素养提升的原动力。针对课堂教学的现有经验，就如何设计课堂、实施教学以及评价效果等方面进行总结和梳理，为建设符合学生特点、适合学生发展需要的课堂教学提供理论和实践基础。

第一节　基于新课程标准的课堂教学设计

学科核心素养是学科育人价值的体现，是学生通过学科学习而逐步形成的正确的价值观念、必备品格和关键能力。课堂是落实学科核心素养的主要阵地，利用这个阵地，在各个学科中，师生之间通过生活情境来呈现教学内容，学生在教学过程中获得知识和能力，从而形成本学科的核心素养。

一、课堂教学设计的总体要求

课堂教学的重要任务之一就是要使教学过程成为学生获取知识、发展能力的活动过程，成为科学知识内化为学生精神财富的过程。知识的获得与内化必须符合学生的认知规律，并借助学生已有的经验对知识进行自主性地构建。因此，教师在课堂教学过程中需要运用一定的教学策略，帮助学生打开知识之窗，重现知识的形成过程；引导学生体验知识，感受知识的存在；指导学生应用知识，增强对知识的记忆与理解；帮助学生回归知识，促使教材知识活化。在现代课程观中，好的课堂教学设计需要注意以下几个问题。

（一）教学设计要注意完备性和系统性，教学不再是教师一个人的舞台

后现代课程观认为课程是一个生态系统，是由教师、学生、教学媒介以及环境组成的一个有机系统。在这个生态系统中，这四个因素是相互作用、相互影响的，必须全面地考虑这四个因素在系统中的作用。教师要从单纯设计教学媒介（主要是教科书）转向多维的立体设计，将设计的中心转移到人的身上来。教师与学生是课程的有机组成部分并是相互作用的主体，于是，在课程这个“生态系统”中“充满了意义、理解和‘交互主体性’”。在教学设计系统观的理念中，教学不再是教师唱“独角戏”，教师与学生共同参与到教学中，成为一个“学习的共同体”。

（二）要把知识真正转化为学生的精神财富，需要通过内化与外化的过程，需要把所学的知识通过操作和言语呈现出来，为学生的终身发展打下基础

教师要成为学生学习的促进者，为学生的知识建构提供支持条件，就要通过创设丰富多样的教学情境，让学生在应用知识的过程中加深对知识的理解，增强对知识的记忆与保持。在教学过程中，可以通过让学生交流与操作训练等方式，使教材的知识内化为学生的精神财富。在教学设计中，一方面要注意创设交流机会，在交流中内化知识，另一方面要加强实际操作训练，在训练中内化知识。知识的掌握、能力的提高离不开训练。只有放手让学生在概括定义、发现结论、证明原理、解答习题等训练中不断地纠正自己的思维偏差，及时地修正错误，才能使他人的知识经验变为学生自己的知识经验；只有开启学生的思维才能使得学习落到实处。

（三）教学设计的目标要由单纯的知识与能力目标转变为知识、能力与情感态度价值观并重

新课程强调知识技能、过程方法、情感态度价值观三维目标的整合，《基础教育课程改革纲要（试行）》提出的课程改革的目标之一就是要实现课程功能的转变，要“改变课程过于注重知识传授的倾向，强调形成积极主动的学习态度，使获得基础知识与基本技能的过程同时成为学会学习和形成正确价值观的过程”。教师在进行教学设计时，要依托于教材，即“用教材教”而不是“教教科书”，在引导学生学习的过程中，为学生情感态度价值观的发展创设适宜的土壤，把知识技能的学习与情感态度价值观的培养结合起来，对学生进行潜移默化的影响，真正成为学生学习活动的组织者、引导者与合作者。

二、课堂教学目标的设计

课堂教学目标对教学活动起着导向、激励、调节和评价的作用，是教学活动的出

发点和归宿点，是贯穿教师专业活动的灵魂和标尺。

（一）课堂教学目标的设计依据

1. 课标要求与教材分析

教学目标是课程目标的进一步具体化与细化，教学目标的制定要以课程标准为依据，以教材内容为依托。具体来说，在制定教学目标时，我们既要了解课程标准对本课（本单元）内容的总体要求，又要分析本课（本单元）教材在知识体系中的地位和作用。进而分析本课（本单元）教材的整体结构与重难点，形成个人使用教材和处理教材的基本构想。

2. 学情分析

教学目标的制定，只有符合学生的学习实际情况才能有效达成。因此，教学目标要从学生已有的知识和能力基础出发，考虑个体差异以及其应该实现的发展水平，预设学生学习过程中可能遇到的困难与态度等。

（二）课堂教学目标设计的方法

课堂教学目标的设定要围绕学科核心素养的落实，相比于模式化的“三维目标”的设定，新课程标准对于课程教学目标的设定要求较为灵活，那么就是对应具体的教学内容，将核心素养具象化成为教学目标设定的一个总体方向和评估标准。因此，在教学目标设计时，可以自上而下以核心素养要素形式呈现，也可以自下而上以教学内容模块形式呈现。

1. 学科素养要素法

新课程标准对于各学科的核心素养进行了分析和提炼，依据不同学科的学科特点，在人才培养上各有侧重，在课堂教学中，要体现学科特色，并将学科核心素养渗透在教学内容中，最直观且具有指向性的教学目标设计方法就是学科素养要素法。

学科素养要素法是将课程标准中的目标和要求进行剖析分解，结合教学内容，依据学科核心素养的要素依次制定课堂教学目标。

2. 教学内容模块法

依据教学内容模块法设计教学目标操作性较强。对于一线教师来说，依据核心素养来拆解教学内容会存在一定的难度，而且可能会出现华而不实的情况。教学内容模块法是将课程标准中的目标和要求进行剖析和分解，按内容模块来制订教学目标，将教学内容从操作层面进行细化，从而达到落实学科核心素养的效果。

3. 聚焦核心简约法

教学目标作为教学活动实施的指导方向和评价指标，既要能体现内容又要能提升素养，但不可因此将教学目标变得公式化而失去教学目标本身的价值。学科核心素养是一个大而全的概念，需要贯穿于整个课程的学习，因此，具体到一堂课，不一定要达成所有的素养要求，但要针对具体的情况灵活处理。一堂课，教师可确定一两个需要达成的重点目标，从而让学生有时间和空间朝着具体的目标最大限度地增加思考的力度和思维的深度。例如，将《将进酒》一堂课的教学目标设计为：

① 朗读品鉴，理解诗人丰富的情感世界，把握诗人形象。

② 思考探究：酒对诗人情感的抒发所起的作用。

用酒中探“仙”的形象描述来进行诗人形象鉴赏，在教学目标设计中去粗取精，重点落在“审美鉴赏和创造”这一核心素养的培养上，目标聚焦，从而使得课堂教学效果也会更加聚焦。

二、课堂教学内容的设计

课堂教学内容就是教师在课堂上“教什么”的问题，在新课程标准中，对各学科的教学内容有明确的要求。但是，从课程论的角度来说，教学内容设计是教师认真分析教材、合理选择和组织教学内容，以及合理安排教学内容的表达或呈现的过程。因此，课堂教学内容需要在遵循基本的设计原则的基础上，依据教学理念进行深加工和个性化处理。

（一）课堂教学内容的设计原则

1. 基础性

教学内容的基础性是学科基础与学生生活基础的统一。基础性是教学内容的主干，是保证知识得以展开的主要构架。在内容选择上，基础知识适应性广、包容性大、概括性高、派生性强。通过基础知识的教学，有助于学生在此基础上扩展自己的知识结构，使所学知识起到长期的基础性和迁移性的作用。

2. 发展性

教学内容在注重基础的同时也要与时俱进，适应社会生活以及学科发展的变化趋势，体会知识延展的价值和意义。教学内容的发展性体现之一是认知性，用现代的哲学思想、时代理念重新诠释传统的内容，使之获得现代意义和价值；体现之二是延展性，即要把课堂内容变成连接课堂与课外的桥梁，注意内容质的延伸和量的扩展；体现之三是学生主体性的发展，充分调动学生的主观能动性，体现学生发展的自主性和创造性。

3. 可接受性

学生的身心发展水平制约着教学功能的发挥，教学内容的组织和呈现必须符合学生身心发展规律。首先，教学内容要以学生的心理水平为基础，在学生的“最近发展区”内，使学生的学习任务具有挑战性，从而不断激发潜力、锻炼思维、启迪心灵。其次，组织内容时要把学科知识系统的内在逻辑顺序和学生学习活动内在的认知顺序相结合，使教学内容符合学生的认知发展规律。

4. 灵活性

教学内容广义上讲是学生应该掌握的知识、技能，应该获得的思想、观点，以及良好行为习惯形成的总和。随着教材观从“教教材”向“用教材教”的转变，教师应根据学生实际水平及独特的培养目标对教材内容加以选择，以适应特定的教学需要和学生学习需要。对于选定的教材内容，教师要掌握、理解教材的特点，认真分析教材的内涵，准确把握教材的重点、难点和关键处，努力理清教材的知识点，进而创造性地加工处理教材，对教学内容进行适度改编，根据教学的内在逻辑调整顺序、增减内容，从而增强课堂教学的针对性。

(二) 课堂教学内容的设计方法

1. 有序化

每门学科的知识都是有机的整体，各概念和原理之间具有内在的逻辑性、系统性、连贯性和关联性，这种内在联系即为知识本身的“序”。

从学习者来看，学习者认知的发展也有内在的程序性和连贯性。如从已知到未知、从巩固到应用、从具体到抽象、从感知到理解、从易到难、由简到繁、由近及远等，这是学习者的认知“序”。学科知识的序不一定就是学习者认知的序，因此，教学内容的组织既应考虑知识的序，又必须遵循学生认知的序，只有通过对教材的合理组织，把教材的知识结构和学生的认知结构很好地结合起来，才会帮助学生快速有效地掌握知识。

2. 最优化

最优化指通过教学内容的合理、最佳组织，学生能在最短的学习时间内获得最佳的学习效果。学习受多种因素制约，教学内容的组织也应有多种方式。虽然不同的组织均可达到同一教学目标，但是其效能却大不一样。根据系统论“整体大于各部分之和”的观点，各部分最优并非就能达到整体优化。

因此，我们在进行教学内容组织时，除考虑各部分外，既要充分考虑各种制约因素的协调，又要把握各部分内容上下左右的衔接，只有这样才能达到整体最优化的效果。

3. 网络化

网络化指知识之间的纵横联系和相互沟通。从横线方面看，不仅要注意本学科同层次知识间的相互联系、贯通，同时也要注意邻近学科间的相互联系、贯通与渗透。从纵线方面看，知识脉络要清楚，上下位联系应环环相扣，对重难点内容要前有铺垫，后有延伸和发展。

三、课堂教学方法的设计

以核心素养为导向的基础教育课程改革理念可以概括为四句话：核心素养是育人目标，真实情境是活动载体，领域知识是必要基础，学习方式变革是实现途径。基于核心素养的教学案例设计，就是要深入理解核心素养、真实情境和课程内容之间的关系，明确素养导向教学案例的关键要素，关注学习方式变革。课堂教学要遵循这样的理念并实现目标，需要将理论落地，教学方法的设计是将理论转化为行动的途径和形式，因此教学方法的设计和选择会决定核心素养的达成情况。

（一）课堂教学方法的设计原则

1. 创设真实情境

所谓真实情境，其本质是心理意义上的，是指那些贴近学生，既有经验且符合其当下兴趣的特定环境。情境的整合可以跨越不同学科领域，也可以指向某一特定学科领域。正是整合性的真实情境，搭建了学生所处日常生活实践与学校课程学习之间的桥梁，赋予学生学习活动以意义，使得学生实践反思与师生互动变得必要。

2. 遵循内容导向

教学方法的设计和选择需要与教学内容相适应，不同教学内容的本质属性决定了其在传输过程中效果最优化的方法，即将教学内容的核心知识进行细化，支持核心知识内化的事实性知识，在呈现方式上要注重知识获取、能力提升和素质培养。

在方法的选择上，不可一味进行单向传输，这种方法虽然提升了知识容量，但是削弱了主动思考的思维能力培养。另一种极端是过度强调学生的主观能动性，在没有基本知识作为支架的基础上进行学生自主知识构建，这会极大降低学习效率，不利于学生学习兴趣的维持。因此，在建构知识的过程中，只有根据具体内容将输出式和互动式的方法进行合理的组合，才能达到最好的效果。

3. 注重互动参与

教学方法是教学实施的途径和措施，涉及教与学的双边活动，所以在方法的选择上不仅要从教师的角度梳理课程标准及教材中确定的核心知识，还需要从学生的角度了解学生现有认知水平及理解能力，对简单的知识可以采取自主学习达成知识内化，对于难以理解的、存在认识局限的知识需要提供相应的辅助手段。

因此，在课堂教学进行之前，需要学生提前进行预习，将预习中存在的问题整理出来，以学促教，让教学活动和教学方法有的放矢。在课堂教学过程中也要关注生成性问题，教师可以设计或引导通过实践反思或社会互动，生成系列子任务或子项目，这样形成的系列学习活动，与学生所产生的困惑或问题相一致，符合学生真实的任务解决思路或逻辑，问题始于学生，终于学生，让学生带着问题进课堂，带着问题出课堂，这才是对学生而言有意义的互动参与。

4. 激发合作探究

开展合作探究的教学方法是促进能力培养、思维发展的有效手段。因此，在教学中要“以学生为中心”，关注学生的学习成长点，以此来开设合作探究活动。教师要重点关注学生在解决学习问题、开展学习活动中的各种质疑与困惑、问题与猜想、探索与实践、解释与论证、交流与反思等方面，要注重激发学生学习兴趣，维持学生学习动机，引导学生深度思考，提升讨论与合作的质量，使他们逐渐从经验的、尝试错误式的观察模式和探索方式，过渡到学会在特定（学科）领域用表征或论证去解决问题的思维方式和探究模式。

围绕学生核心素养的培养，教师要尽量采取各种手段或方式，使学生学习及思维过程外显化，创设合理的“脚手架”，设计并提供各种资源和工具的支持，确保学生处在学习“最近发展区”内。

(二) 优化课堂教学的方法设计

1. 陈述性知识的教学方法设计

陈述性知识是有关“是什么”的知识，是个人通过理解和记忆获得的能直接陈述的知识，它包括符号知识、事实性知识和语义知识。在陈述性知识的教学设计中，要将设计的重点放在如何帮助学生进行知识的有效联结、组织、展开、注意和巩固等方面，以促进学生对这类知识的理解、掌握和获取。

教师在具体方法设计过程中应注意以下几个方面。

① 建立有意义的联结。把新知识与原有知识相联系，使新知识的学习变得有效、有意义，以帮助学生吸收、同化新知识。

② 组织新信息。把一些信息进行整理、归纳和分类，使它们之间形成“组块”，以便于学生掌握知识材料的结构。

③ 展开新材料。积极鼓励学生通过补充、推论和举例来对新信息进行补充说明、运用分析、充实深化，以增强学生对知识的记忆。

④ 引起与维持注意。巧妙选用提问技术、认知冲突技术、教学媒体技术等来激发学生的学习兴趣，引起与维持学生的有意注意，以帮助学生参与知识的理解活动。

⑤ 促进知识的巩固。指导学生运用复述策略、组织策略、精加工策略等学习策略来巩固知识，以调动学生学习的自觉性和积极性。

2. 程序性知识的教学方法设计

程序性知识是有关“怎么办”的知识，是在特定的情境中进行程序操作步骤、方法和应用的知识，它包括智慧技能和动作技能。在程序性知识的教学设计中，要将设计的重点放在如何帮助学生形成运用概念、规则和原理解决问题的能力。

教师在具体方法设计过程中应注意以下几个方面。

① 掌握、理解概念和规则。利用相关的原有知识和具体例证的讲解来促使学生理解概念和规则，保证学生习得所教的概念和规则。

② 设计变式练习。指导学生练习，可以采用合作探究的形式，引导学生将习得的概念和规则应用于解决问题的情境中，以转化为学生的智慧技能。

③ 提供反馈信息。尽可能让学生及时、准确、具体地从他们的变式练习的结果中得到反馈，了解学习的进展情况和取得的成绩，并纠正练习中的错误，以激发学生的学习愿望，提高学生的学习成绩。

④ 进行归纳和总结。归纳和总结可以帮助学生复习、巩固、强化所学的知识，以便更好地吸收和消化它们。

3. 策略性知识的教学方法设计

策略性知识是有关“如何学习”的知识，是个人自身的认知活动和个体调控自己认知活动的知识，它主要是指认知策略。在策略性知识的教学设计中，要将设计的重点放在如何帮助学生掌握一般学习活动的策略知识和创造性思维活动的策略知识，以促使学生学会学习，因此，策略性知识是一种内化的能力，需要在平时的课堂中不断渗透。

教师在具体方法设计过程中应注意以下几个方面。

① 提供大量的可供选用的学习方法，包括指向理解的学习方法，如提问法、笔记法和各种课文分析法；指向记忆的学习方法，如画线法、概述法和各种记忆术。

② 训练学生知道如何进行学习的调控，尤其是学习方法的选择和使用的技能，它包括激活、维持学习的有意注意；制订学习目标和计划；监控学习过程；修正学习行为；评价学习方法效果。

③ 丰富学生的元认知知识和体验，并通过自我提问等方式推进学生的元认知发展过程。

④ 鼓励学生在不同的情境中运用策略，给予学生机会去进行大量的练习和实践，并引导学生尝试学习方法和技能的迁移，努力生成适合自己的新策略。

第二节　基于新课程标准的课堂教学实施

课堂教学实施是依据新课程标准的教学目标、基本原则和方法，基于教学对象、教学条件和教学材料，开展教学工作。我校以“情境-探究”型课堂作为课堂教学研究的主要内容。在研究过程中，需要对教学内容进行整合，对教学过程进行优化，对教学方法进行反思。

一、课堂教学资源的整合

课堂教学是一项系统性的工程，为了使教学实施能够达到理想的效果，需要根据教学的实际需要，把相关资源整合起来，拓宽学生视野，提高教学效率。资源整合的理念不仅能够丰富学生的“学”，同时也能充实教师的“教”，对于教学内涵的延伸和发展具有重要的价值。

我们从学校层面鼓励教师进行课堂教学研究，这为课堂教学资源的整合提供了有力保障，在长期的实践摸索中，各学科根据自身的学科特点及资源需求，逐渐形成了具有一定结构组成的教学发展共同体，以此来优化课堂教学，提高教学实施的效果。

我们在实践中进行资源整合，主要体现在以下几个方面。

① 教师内部资源共享和优化。以教研组和备课组为单位，采用线下的集体备课和线上的资源共享相结合的形式，利用集体的智慧不断优化教学活动的实施，并且在长期有组织、有计划的集体备课的过程中，逐渐形成了丰富的教学资源库，为教学活动的开展提供大量丰富又新颖的素材。

② 校外资源利用和整合。我们通过“引进来”和“走出去”的方式不断充实教学内容、拓宽学生视野、提升教师专业技能。

③ 生成性资源的关注和整合。课堂教学实施的过程中，通过师生互动和生生互动

会碰撞出很多生成性问题，对于有价值的生成性问题的关注和整理对教学内容和形式的选择具有指导作用。以学生的问题为导向，进行微课题研究，通过合作探究来解决问题，形成典型问题资源库。

二、课堂教学过程的优化

传统的课堂是教师站在学生和教材之间，自己精研教材，设计问题和答案，通过课堂操控把答案传递给学生，学生作为解决问题的“工具”和应试训练的对象被动接受知识。在基于新课程标准的课堂教学中，教师要规划学习进程，真正实现自主、合作、探究性的学习。

(一) 课堂教学过程优化的原则

① 创设民主气氛。教学应在师生双方平等对话的过程中进行，许多卓有成效的教师之所以取得教学的高效率，其诀窍之一正是贯彻教学的民主原则，让学生始终拥有安全、自由、开放的心境，敢疑敢问。从某种意义上说，教学的民主程度越高，学生自觉学习的热情就越高，课堂教学也就越有效。

② 给予学生自主思考的时空。爱因斯坦说：“学习知识要善于思考、思考、再思考，我就是靠这个学习方法成为科学家的。”可见一切有成就的人都善于思索，都有“好思”的习惯，因此，我们在课堂上要给学生一定的时间，让他们认真读书，深入思考。

(二) 课堂教学过程优化的方法

① 互动交流。“水本无华，相荡乃成涟漪；石本无火，相击而发灵光。”师生互动交流是有效教学的重要形式，在教学的关键之处、重点之处要设计小组讨论的环节甚至与老师交流的环节，实现“文本对话”“师生交流”“生生交流”。这样，可以让学生全面深入地思考问题，理解学习内容；可以给学生提供展示个性的机会，培养他们团结合作、良性竞争的精神。

② 及时准确评价。评价要关注学生学习的结果，更要关注他们学习的过程，以及他们在活动中所表现出来的情感与态度，更要帮助学生认识自我、建立自信，在这个基础上，以鼓励为主。

三、课堂教学的反思

教学反思，是指教师对教育教学实践的再认识、再思考，并以此来总结经验教训，进一步提高教育教学水平。教学反思一直以来是教师提高个人业务水平的一种有效手段，教育上有成就的大家一直非常重视教学反思。

(一) 课堂教学反思的原则

① 更新教育观念，转变教师角色。思想观念是行为的先导，新课程改变了学生的学习方法，也改变了教师的教学方式。新课程的教学更加注重的是学生学习策略的运用，不以掌握知识的多少为目的，而是给学生提供知识平台。在学生学习过程中，教师只是指导和帮助学生主动参与、亲身实践、合作探究；同时，又要参与学生的各个环节的学习活动，与学生交流、沟通，准确地了解学情，及时引导学生解决问题，从而发展学生收集和处理信息的能力、自己获取新知识的能力、分析解决问题的能力等。

② 建立发展性的反思体系。基于新课程标准，教师反思的体系包括"具体经验→观察分析→抽象的重新概括→积极的验证"四个环节。"具体经验"环节是使教师意识到问题的存在；"观察分析"环节是教师收集关于自己活动的信息，以批判的眼光反思自己的教学活动与自己所倡导的理论是否一致，自己的行为与预期结果是否一致；"抽象的重新概括"环节是教师积极寻找新思想与新策略来解决所面临的问题；"积极的验证"环节是教师要检验上阶段所形成的概念，在新的具体情境中的运用效果。

③ 反思性要求必须明确。反思内容要具体、对象要明确、要求要实在，不要让教师反思空泛、笼统、抽象性的问题。比如，"学生在这节语文课堂上的表现如何？你如何改进"就是空泛、抽象的问题，而"这节课的主要人物有哪些？是否厘清了人物关系"就比较具体。通过明确的教学反思，"养正出奇"，创造性地解决课堂教学中出现的困难或问题，有效地调动学生学习的主动性、积极性，推动学生学习方式的优化、转变。

(二) 课堂教学反思的方法

① 纵向反思和行动研究法。"课后思""周后思""月后思""期末思"，把自己的教学实践作为一个认识对象放在历史过程中进行思考和梳理。同时不断地获取学生的反馈意见，并把它作为另一个认识对象进行分析，最后把两个具体的认识对象揉在一块儿整合思考。

② 横向反思和比较法。他山之石，可以攻玉。经常性地开展听课交流，研究别人的教学长处，通过学习比较，找出理念上的差距，解析手段、方法上的差异，从而提升自己，达到"会当凌绝顶，一览众山小"的境界。

③ 集体反思和对话法。俗话说"旁观者清，当局者迷"，教师互相观摩彼此的教学，能使自己对问题有更明确的认识，并获得解决问题的途径。教师要与同事一起观

察自己的、对方的教学实践，双方进行对话、讨论，建立合作学习的共同体。集体反思在教学中普遍存在的困惑，提出解决问题的思路。

第三节　基于新课程标准的课堂教学评价

课堂教学评价是对课堂教学的各个要素及其发展变化进行的价值判断。“评价的过程即学习的过程”，基于核心素养的课堂评价更加重视“过程即评价”的指导意义。课堂评价教学要从狭义的纸笔测试到宏观的核心素养评价来展开。

一、课堂教学评价的原则

课堂教学评价最核心的问题是评价的价值取向，它决定着评价标准的确定、评价对象的选择、评价内容的选择以及评价方式的认定。

（一）促进学生发展

在教学目标上，既要考虑学生目前发展的需要，又要考虑学生将来发展的需要。从以注重知识教学为主转变为以学生发展为本，真正体现对基础知识、基本技能、基本思想和基本活动经验的有机整合。

在教学内容上，要使教学内容贴近学生的生活。根据学生的需要来建构知识，把培养学生学习的情感、态度和科学的价值观作为重要的教学内容，尤其要重视思想方法和基本活动经验的教学。

在学习方式上，要考虑学生是否真正成为学习的主体。由“教学方式”向“学习方式”的转变，充分体现了科学探究、合作学习等现代教学模式的思想，使学生在学习过程中达到“自主、体验、个性化发展”的目标，让教与学的形式“生动、多样、有趣”。

在学生的学习状态上，要考虑学生的参与状态、交往状态、思维状态、情绪状态、生成状态五个方面。没有学生积极参与的课堂教学，是谈不上开发学生潜能的。在积极的课堂里，学生敢于提出问题，发表的见解具有挑战性与独创性；有时课堂会从激烈的争论转入专注的聆听，这就是一种良好的情绪状态，学生对后续的学习也会更有信心。

（二）改进课堂教学

通过课堂教学评价，被评教师可以充分把握自己的教学过程及教学效果。教师及时调整自己的教学内容及教学策略，从而使自身的教学行为不断得到优化与提高。例如，教师对教学知识是否理解深透，采用的教学方法是否符合学生的认知特点；教师能否以教材为主线，科学地整合各类教学资源，以达到最佳的教学效果；教师能否在与学生的交往中，尊重和信任学生；能否从自己的教学预设中转移到生成性的问题上来。

激发教师产生正确的教学动机和积极的态度，从而使课堂教学活动更加充满生命力。因此，要考察教师是否具有基本的组织课堂教学的能力，具体教学过程中开展的教学活动是否有利于学生学习，是否为学生创设了有利于学习的环境等。教师同样需要激励性评价，对教师的评价包括教师的自我评价和他人评价，采用定性评价和定量评价相结合的方式进行。

倡导“在行动中研究、在研究中行动”，促进教学由“经验型”向“研究型”逐步转型。“研究型”指强化学习和研究意识，形成以研究为主导的共同价值观和以研究为特质的教学新常态，促进学校创新发展。工作着力点是建立研究机制，创造研究条件，提供研究支持和保障；建设学习型校园，崇尚学术治校，提升研究能力，培养研究型教师，创造研究成果。

二、课堂教学评价的内容

课堂教学评价更多地考虑的是学生，注重让学生在丰富多彩的教学活动中主动、活泼地发展。鼓励教师对所学的先进经验加以适度改创以符合我校实际，鼓励教师形成个性化的教学风格。

（一）建立常规课堂教学评价体系

常规课堂教学评价体系包括两级指标。第一级指标有“教学准备”“教学实施”“学习效益”“简评”四个维度，第二级指标有“教学目标”“教学内容”“教学能力”“施教过程”“学习行为”“达成教学目标”“非预期效果”七项。其中，“教学准备”维度又包括“教学目标”“教学内容”“教学能力”三个二级指标；“教学实施”包括“施教过程”和“学习行为”两个二级指标；“学习效益”包括“达成教学目标”和“非预期效果”两个二级指标；“简评”属于主观评价部分，不设二级指标。

（二）建立评价指标标准

“教学目标”评价指标标准：培养学生掌握课程标准要求的基础知识、基本技能；为学生创设实践体验和合作交流的机会；培养学生的自主学习能力；提高学生的创新能力。

“教学内容”评价指标标准：对教学内容进行了有效整合，密切联系社会实际和学生生活实际，符合学生的身心发展规律、学习基础和学习能力；设计形式多样的教学实践活动。

“教学能力”评价指标标准：教师专业素养高，课堂驾驭能力强，具有鲜明的教学特色。

“施教过程”评价指标标准：因材施教，面向全体学生，尊重个别差异；教学民主，师生平等和谐；教学思路清晰，内容充实；课堂结构层次分明，密度合理，安排严谨；重视知识形成过程，注重学法指导；鼓励探究，鼓励合作，鼓励创新；运用多种教学手段；课堂教学进展顺利。

“学习行为”评价指标标准：学生积极主动地参与课堂学习活动，注意力集中且能持之以恒；学生具有问题意识，能积极思考；学生之间合作学习、有效互动；学生在课堂学习时自主观察、探索、思考、发现与创新；学生乐于动手，勇于发表自己的意见，有创新意识和创新精神。

“达成教学目标”评价指标标准：通过教学活动，实现了教学目标，有效地促进了集体进步和个体发展。

“非预期效果”评价指标标准：教师发挥教学机智，促进课堂生成，出现了非预期效果。

“简评”虽然没有具体的评价标准，但是，侧重点是鼓励教师及时对临时发生的始料不及的问题进行价值判断，挖掘隐藏的教育资源，在认为必要的时候临时改变教学预设，挖掘出其中蕴藏的创造性因素，及时生成创造的、高效的课堂。

第六章　学科课例教学法探索

国务院办公厅《关于新时代推进普通高中育人方式改革的指导意见》（国办发〔2019〕29号）指出要深化课堂教学改革。“按照教学计划循序渐进开展教学，提高课堂教学效率，培养学生学习能力，促进学生系统掌握各学科基础知识、基本技能、基本方法，培养适应终身发展和社会发展需要的正确价值观念、必备品格和关键能力。”其中，基于新课程标准的课例研究是深化课堂教学改革的重要途径，我们在全面推进新课程新教材实施的进程中也进行了深入探索，形成了“情境-探究式”学科课例教学经验。

第一节　几种常见学科课例教学法的类型

一、目标教学法

（一）基本含义

目标教学法是指将一次课的教学过程分解为课堂导入、展示教学目标、遵循教学目标讲解相关知识、目标测评等几个环节，并根据这些环节组织实施教学。目标教学法是一种以教师为主导、以学生为主体、以教学目标为主线的教学方法。教师以教学目标为导向，在整个教学过程中，围绕教学目标展开一系列教学活动，并以此来激发学生的学习兴趣与积极性，激励学生为实现教学目标而努力学习。

（二）基本特点

学科活动过程中确立以理论为实践服务的指导思想，注重知识的实用性，有的放矢地培养学生的期待心理，倡导教学过程中师生间的互动性，并以此来确保教学目标的实现。这种教学法认同教学过程的实质是教学目标的实现过程。作为教师应该努力去寻求实现目标的最短路径。

目标教学法要求授课教师在授课前，应根据有关课程的教学目标，在吃透教材的基础上理清该课程的知识体系，并明确各知识点及其所要达到的教学目标。在进行各知识点或单元教学前，需预先告知同学们该知识点或单元所要达到的学习目标，使学生形成一种学习心理准备，从而做到有备而来。而在实现教学目标的过程中，则要不断地设法引导学生向既定的教学目标靠近，并在实现教学目标后与学生一起进行课堂总结，指出关键知识，以便学生巩固提高。

（三）基本方法

情景设置。创设学生当前所学习的内容与现实情况基本相接近的情景环境，也就是说把学生引入到需要通过某知识点来解决现实问题的情景。

操作示范。围绕当前学习的知识点，以便于学生“知识迁移”的要求，选择合适的小目标，并示范完成目标的过程。

独立探索。让学生独立思考，对知识点进行理解，消化示范目标的解决要点，为解决练习目标打下基础。

确定目标。小组通过社会调查，研究讨论，并在教师的指导下确定具体的目标。

协作学习。开展小组交流、讨论，组员分工协作，共同完成工程目标。

学习评价。学生学习的效果直接由完成工程目标的情况来衡量，包括教师评价、学习小组评价和自评三部分。

（四）基本原则

目标中心原则。教学目标是教学的出发点和归宿，课堂教学应紧紧围绕教学目标来进行，特别是对于完不成的教学目标要及时补救，实现堂堂达标。

“教为主导，学为主体，训练为主线”的教学原则。教学过程是师生共同参与的过程，并且应时时把学生放在主体地位，即学生是演员，教师是导演。

理论联系实际原则。通过议论、精讲、评价等环节，使学生把所学知识与客观实际相结合，最终实现教学目标。

优化原则。从上课伊始到结束，从教师的导到学生的学，教学过程各个环节应合理搭配，体现出和谐、自然和优化。

反馈矫正原则。进行信息反馈，对残缺知识进行有效的矫正和补救，是防止知识缺陷积少成多，实现当堂达标的重要手段，体现了教学过程中交往和互动的积极性和有效性。

(五) 常见类别

1. 以健全人格为目标的德育教学法。

2. 以发展思维为目标的智育教学法。

3. 以增强艺术感知为目标的美育教学法。

二、问题教学法

(一) 基本含义

问题教学法就是教材的知识点以问题的形式呈现在学生的面前，让学生在寻求、探索解决问题的思维活动中，掌握知识、发展智力、培养技能，进而培养学生自己发现问题和解决问题的能力。在这种课上，教师有意地创设问题情境，组织学生的探索活动，让学生提出学习问题和解决这些问题（这种做法的问题性水平较高），或由教师自己提出这些问题并解决它们，在此同时向学生说明在该探索情境下的思维逻辑（这种做法的问题性水平较低）。“问题教学”为学生提供了一个交流、合作、探索、发展的平台，使学生在问题解决中感受知识，在教学活动中以“问题”为线索，基于问题情境发现探索知识，掌握技能，学会思考、学会学习、学会创造，促进学生创造思维的发展。

(二) 基本特点

一是创设问题情境，激活学生思维。实践证明，疑问、矛盾、问题是思维的“启发剂”，它能使学生求知欲由潜伏状态转入活跃状态，有力地调动学生思维的积极性和主动性，是开启学生思维器官的钥匙。有经验的教师都注意通过质疑问题，创设问题情境，让学生在这些问题面前自求自得，探索思悟。

二是讲究“布白”艺术，追求启发思维的实效。“布白”艺术，即指在教学中要留有余地，让学生在利用想象填补空白的过程中，追求启发思维的艺术效果。因此，这种“布白”有利于激发学生的求知欲，提高学生探究的兴趣和解决问题的能力。

新兴的“问题教学法”是以培养学生自主意识和主动性行为为特征的。新兴的“问题教学”注重引导学生主动参与、亲身实践、独立思考、合作探究，培养学生学会提出问题、分析问题、解决问题的能力以及交流与合作的能力。问题教学法改变了教师“以讲为主，以讲居先”的格局，调动了学生学习的积极性和主动性，注重了学生自学能力和积极探索精神的培养与锻炼，提高了学生运用知识的能力和水平。

(三) 基本方法

(1) 鼓励质疑，养成良好习惯。首先，要创设氛围，鼓励学生大胆发言。营造民主、平等、和谐的环境，使学生质疑的积极性提高。其次，要不断训练，形成习惯。在教学中，教师要有意识地促使学生质疑，如可采取激励机制。

（2）教给方法，提高提问质量。教会学生如何选思考点，还教会他们遵循思维规律来提问，采用搭桥式、递进式、比较式、因果式、转换式、逆向式等方式来提问和质疑。

（3）优选教法，凸现主体地位。在教学中，引导学生主动发现问题、解决问题，可作这样几个步骤的尝试：① 自我感悟，发现问题。这一步是让学生在深入领会文章内容的基础上自主提出问题。② 梳理问题，突出重点。在这一步，教师教会学生对问题进行分类、梳理。引导学生由浅入深逐渐学会提问，提高提问的水平。③ 师生互动，尝试解答。教师在必要时给予点拨，引导学生解决问题，不能直接把答案抛给学生。④ 及时总结，引发深思。及时整理思维路线，总结学习方法，提高解决问题的能力，帮助学生养成良好的学习习惯，保证可持续发展。

（四）基本原则

（1）适时原则。实践证明，教师准确地把握好教学时机，有利于在思维的最佳突破口点拨学生，启迪学生的智慧。

（2）因人循序。教师启发思维应注意每个学生的个别差异性，启发思维的重点难点、方式方法等必须因人而异。另外，教师启发思维还应注意遵循学生的认识规律，循序渐进。

（3）反馈强化。教师在课堂教学中，调动各种途径和手段启发学生的思维时，也应注意“听其言，观其行”，接收从学生身上发出的反馈信息，并及时做出相应的控制调节。同时，对于学生所作出的反馈信息，教师还应做出及时而准确的评价，强化学生的思维操作，调动学生课堂思维的积极性。

（五）常见类别

（1）以问题解决为导向的过程探索式教学法。

（2）以问题解决为导向的方法图导式教学法。

（3）以问题解决为导向的生成式发展教学法。

三、拓展式教学法

（一）基本含义

拓展式教学是涉及学科教学各个方面的一个综合性理念，它以培养和提升学生的学科素养为最终目的，结合学生的认知能力和规律，以课堂教学为基点，向课外进行拓展和延伸。旨在加强对教学内容的深入理解，在深度和广度上培养学生的探究意识和兴趣，建立科学的思维方法和探究方法，在认识问题和解决问题的能力上得到提高，促进学生均衡而有个性地发展。这其中包含教学内容拓展、教学时空拓展以及教学方法拓展三个部分。

（二）基本特点

拓展式教学法，作为一种综合性理念，它本身所涵盖的内容也能够体现出它的特点。简单概括就是“以课内统领课外，以课外拓宽课内”。因此，拓展式教学具有这样三个显著特征。

一是开放性。注重课外知识的引入，即由课本教材内容拓展至课外。一方面是引入相关的资源，以拓宽课堂教授内容的广度和深度，帮助学生在比较和拓展中增长知识；另一方面则是引导教学内容走出课堂，把课堂内容与课外学习活动相结合，帮助学生将课本知识、生活知识联系起来，提高学生的素养。

二是创造性。根据课程标准的要求，对课程资源的开发与利用是教师的重要任务，也是帮助学生提高学科素养的重要手段。利用课内和课外课程资源，拓展学生的视野，是课程标准要求中的应有之义。

三是贯穿性。主要是指课程教学贯穿于学科教学的整个过程和方方面面，是一个不间断的过程。

（三）基本原则

课堂教学拓展的内容（包括自然科学与社会科学）可以是任何时空的，不同社会形态的，不同知识门类的，甚至是不同门类知识的交叉，但必须与课堂教学文本的教学目标、目的形成一个整体，文本的内容与拓展的内容有相关性和类比性。教师在拓展教学过程中要把握教学方向，思路合理，避免脱离文本和学生实际。

（1）拓展要与课堂教学目标紧密结合。课堂教学目标是课堂上一切教学活动的出发点和最终归宿。课堂教学的一切活动都应围绕它来进行。拓展作为课堂重要的教学方法，也理所当然地要围绕教学目标进行。

（2）拓展要与本班学生的实际情况相结合。学生是课堂的主体，课堂教学必须关注本班的学生。课堂的一切活动都要兼顾学生已有的知识水平、心理特征和生活经验。

（3）拓展要注重学生思维能力的提高。拓展，有知识性的，也有技能性的。重点要放在思维方法的延伸上，注重学生思维能力的提高。

（四）基本方法

课堂教学拓展的方式方法是多样的，可以是专题的，可以是不同阶段不同梯度的，对学生可以是口头的、文字的、动手操作的、形体的，课内或课外有所准备的，等等，采用什么方式方法是由教学内容决定的。具体可以从如下三个角度进行。

(1) 知识拓展：对某个知识与相关知识做横向或纵向的联系或对比，辨别知识之间的联系与区别。

(2) 能力拓展：从模仿阶段的机械训练到能做简单的变式训练到融会贯通，这个过程就是从识记到理解到掌握最终到灵活运用。

(3) 学法拓展：在知识拓展与能力拓展的过程中，学生感悟到老师给予的学习方法指导以及产生的效果，并总结成清晰明确的学习方法和步骤，会有意识地在学习中运用。

(五) 常见类别

(1) 基于教材内容整合的教学内容拓展教学法。

(2) 基于户外科学考察的实践内容拓展教学法。

(3) 基于校本课程开设的综合素质拓展教学法。

第二节 “情境-探究式”教学法探索

在课堂教学中，创设情境是常见的一种教学手段，“探究”活动也是一个课堂教学的热名词。但是，在传统的教学中，往往“创设情境”与“探究”是各自独立的两个方面。在新课程背景下，教育要培养“全面发展的人”，要求培养学生解决实际问题的能力。这就对我们的课堂教学提出了新的要求：在真实课堂情境中激发学生积极探求有效的问题解决方法，从而培养其乐学善学、用于探究的精神和提升其实践创新、解决问题的能力。我们从这个新的要求出发，提出“情境-探究式”教学法的构想，并作出了卓有成效的探索。

一、教学情境

(一) 教学情境的含义

教学情境是指在课堂教学中，根据教学的内容，为落实教学目标所设定的，适合学习主体并作用于学习主体，产生一定情感反应，能够使其主动学习的具有学习背景、景象和学习活动条件的学习环境。具体来讲，就是指在课堂教学环境中，作用于学生而引起积极学习情感反应的教学过程。教学情境可以贯穿于全课，也可以是课的开始、课的中间或课的结束。

（二）创设教学情境的价值

在应试教育的课堂教学中，维系教师与学生之间联系的是一种单向的控制与服从关系。教师对教学和学生始终保持着全面的控制和限制的规约，习惯于“教师台上讲，学生台下听”。学生只倾听教师个人的声音，只观赏教师个人的表演，教师包办代替了本该让学生自己真实参与、亲身体验的过程，剥夺了学生自主思考、自己发展的权利。

在新课程改革背景下，课堂教学的核心变革是学生的“自主学习”，保证学生有效“自主学习”的重要前提条件是：教师创设出多种有效教学情境，构建起师生互动、生生交流的有效学习平台，让学生真正成为学习的主人。用一个比喻：将 15 克盐放在你的面前，你无论如何也难以下咽。但将 15 克盐放入一碗美味可口的汤中，你早就在享用佳肴时，将 15 克盐全部吸收了。情境之于知识，犹如汤之于盐。盐需溶入汤中，才能被吸收；知识需要融入情境之中，才能显示出活力和美感。

总之，教学情境的创设有以下价值：① 激发学生的学习兴趣（喜欢）；② 唤起学生的探究欲望（冲动）；③ 构建起新知识与旧知识（学科、生活、社会知识）的桥梁（指向）。

（三）创设教学情境的原则

（1）诱发性原则。在创设教学情境时，一定要保证新设情境能激起学生的认知冲突，激起学生的积极思考。

（2）真实性原则。在创设情境时，一定要尽量使情境真实或接近真实，在现实生活中能找到。学生在“眼见为实”的丰富、生动、形象的客观事物面前，通过对情境相关问题的探究，完成对主题的意义建构。

（3）接近性原则。在课堂教学中，教师创设的情境要符合苏联著名心理学家维果茨基的“最近发展区”理论。创设问题的深度要稍高于学习者原有的知识经验水平，具有一定的思维容量和思维强度，需要学生经过努力思考，只有“同化”和“顺应”才能解决问题，也就是我们常说的摘果子时，须“跳一跳，才能够得着”。

（4）合作性原则。时代要求培养学生的集体观念、团队精神和合作的能力，让他们学会交流和分享获得的信息、创意及成果，并在欣赏自己的同时，学会欣赏别人。教师在创设情境时，要考虑充分利用小组合作学习，让小组成员之间愉快地交流、协作，并共同克服学习中出现的困难。

（5）冲突、和谐统一的原则。教师在创设教学情境时，不仅要考虑师生之间的交流与合作，让学生大胆提出问题，使课堂“乱”起来，让课堂“活”起来，还要考虑师生之间的思维碰撞，让师生相互启发、诱导，达到融为一体、和谐共存的境界。

（6）层次性原则。学生的学习活动是一个从简单到复杂、由易到难循序渐进的过程。因此，在教学中创设教学情境应尽可能依据学生的实际经验和认知，架设好学习的框架，有层次、有梯度，考虑好问题的衔接与过渡。

（四）创设教学情境的方法

（1）借助实物和图像。教师通过研习教材、课程标准，分析学生的知识结构和认知能力，以及学生的情感需求，寻找与本节课教学知识内容紧密相关的课程资源，即既有知识性，又有趣味性，还有生活性，更有严谨性的相关实物、模型、图片和其他影视信息。教师创设问题组，引导学生围绕课程资源，利用已有知识去思考和分析，实现对新知识的自主建构。

（2）借助动作（活动、实验）。教师精心创设出学生参与的与本节课知识紧密联系的各项活动，它们包括表演、活动、演示、实验。在教师设置问题组的提示、组织和引领下，学生进行活动参与和在思考中学习。注意活动的启发性和有效性。

（3）借助语言。语言表达的形象生动性能够激起学生的学习欲望，提升教学效果。从教学艺术的角度来看，语言表达的形象性有如下要求。

朗读——声情并茂、抑扬顿挫；

描述——绘声绘色、形象生动；

比喻——贴切精彩、幽默风趣。

（4）借助新旧知识和观念的关系与矛盾。新旧知识的矛盾，日常概念与科学概念的矛盾，直觉、常识与客观事实的矛盾等，都可以引起学生的探究兴趣和学习愿望，形成积极的认知氛围和情感氛围，因而都是用于设置教学情境的好素材。

（5）借助学科史料或经典故事。在课堂教学中利用学科史料和经典故事创设问题情境，不仅可以使教学不再局限于现成知识本身的静态效果，而且可以追溯到它的来源和动态演变的过程，揭示出认识过程中的科学态度和科学思想，使学生学到形成知识和运用知识的科学方法，同时还能吸引学生的注意力，增强课堂的趣味性。

（五）创设教学情境需要注意的问题

（1）形式化的情境（与课程的内容没有实质性的联系）。

（2）假问题的情境（没有思维价值的问题或不能引发学生思考的问题）。

（3）缺乏真情的情境（没有教师的感情投入）。

（4）“猜谜式”的情境（兜圈子、猜谜语）。

（5）“电灌”的情境（负面效应的多媒体课件演示）。

（6）反科学的情境（伪科学、强化负面影响）。

二、课堂探究

（一）课堂探究的概念

课堂探究是指在教学过程中，在教师的启发诱导下，以学生独立自主学习和合作讨论为前提，以现行教材为基本探究内容，以学生周围世界和生活实际为参照对象，为学生提供充分自由表达、质疑、探究、讨论问题的机会，让学生通过个人、小组、集体等多种解难释疑尝试，将自己所学知识应用于解决实际问题的一种教学活动。

（二）课堂探究的意义

课堂探究重视开发学生的智力，发展学生的创造性思维，培养学生的自学能力，力图通过自我探究引导学生学会学习和掌握科学方法，为终身学习和工作奠定基础。教师作为探究式课堂教学的导师，其任务是调动学生的积极性，促使他们自己去获取知识、发展能力，做到自己能发现问题、提出问题、分析问题、解决问题；与此同时，教师还要为学生的学习建立探究的氛围，促进探究的开展，把握探究的深度，评价探究的成败。学生作为探究式课堂教学的主人，根据教师提供的条件，明确探究的目标，思考探究的问题，掌握探究的方法，打开探究的思路，交流探究的内容，总结探究的结果。由此可知，探究式课堂教学是教师和学生双方都参与的活动，既是全面培养人的必要途径，也是促进教师角色转换的重要方法。

（三）课堂探究的主要环节

（1）启发思考。学习对象确定后，教师需要在探究之前向全班学生提出若干富有启发性、能引起学生深入思考并与当前学习对象密切相关的问题，以便全班学生带着这些问题去探究。这一环节至关重要，所提出的问题是否具有启发性、是否能引起学生的深入思考，这是课堂探究能否取得效果乃至成败的关键。这类问题要由教师提出。

（2）自主（或小组）探究。课堂探究过程中特别强调学生的自主学习和自主探究，以及在此基础上实施的小组合作学习活动。因此，本环节成为探究性教学模式中的关键教学环节。在实施过程中，要处理好教师、学生、信息技术几者之间的关系。教师起到引导、支持的作用，学生要充分发挥学习的主动性与积极性，信息技术要成为学生探究的认知工具。在不同的学科，所使用的认知工具有所差异。人文学科往往可以通过让学生上网查找资料来达到促进学生自主探究的目的，这些资料能起到认知工具的作用；而在数理学科中则可以使用能发挥认知工具作用的软件，如仿真物理、化学实验室、中学物理作图工具等。

（3）协作交流。本环节是与前面的自主探究环节紧密相连的。学生只有在经过了认真的自主探究、积极思考后，才可能进入高质量的协作交流阶段。也就是说，协作交流一定要建立在自主探究的基础之上，才能为学生提供思路交流、观点碰撞、成果分享的平台。教师在此过程中要起到组织、协调、引导的作用。

（4）总结提高。教师引导学生对问题进行回答与总结，对学习成果进行分析归纳，并可联系实际，对当前知识点进行深化、迁移与提高。

三、“情境-探究式”课堂教学模式

建构主义主张学习要在与现实情境相类似的学习情境或教学情境中发生。只有通过各种情境的创设，教与学的活动才能成为一种生动的现实。“情境-探究式”教学是指让学习者在合适的教学情境中自主探究、主动构建知识的课堂教学方法。

（一）“情境-探究式”课堂的基本特征

1．情境性

“情境”是“情境-探究式”课堂教学的出发点和切入点。“情”将学生的兴趣、态度、情感的培养纳入课堂教学的有机组成中；“境”通过各种真实环境或模拟世界的创设，拉近了知识与学生现实生活的距离，使学生感到知识与客观世界、现实生活密切相关。“情境”激发了学生学习的内部动机。

2．问题性

质疑问难是一切探究和创造的基础，探究的源头就是问题，如果一个人不能敏锐地发现问题，大胆地提出问题，就不能深入地分析问题并创造性地解决问题，自然也就无法进行探究活动，无法在解决问题的过程中学会学习，建构新知。教师要根据不同的学习内容，创设学生熟悉或感兴趣，与学习新知紧密相关的情境，利于学生提取信息，提出问题。

3．探究性

在“情境-探究式”学习过程中，“情境”是引子，“探究”是过程，“探究”是在问题的指引下自主进行的学习活动，是知识产生的载体。“情境-探究式”学习是学生从情境中主动发现问题，并积极寻求解决的策略和方法、主动探究学习的过程。

4. 开放性

由于学生个人兴趣、经验和思维深度不同，对问题情境中呈现的教学信息和识别、汲取、分析的视角差异，以及分析问题、发现问题切入口的选择不同，提出的问题会灵活多样，甚至会提出超前的问题或难以解决的问题，从而为学生与教师提供了一个开放性的学习空间。

(二)“情境-探究式”课堂的主要环节与操作策略

1. 创设情境

教师根据教学目的，研究教学内容，分析教学内容各维度教学目标的落实点，通过了解学生实际认知状况和生活经历，使用与学生生活和实际经验密切相关的教学情境素材，认真在较为丰富的课程资源中进行筛选，精心设计教学情境和教学方案。创设情境应遵循以下基本原则。

(1) 启发性原则：材料或活动富有启发性，能激活元认知，引发学生广泛的联想。

(2) 探究性原则：材料或活动能激发认知冲突，使学生产生强烈的探究欲望和动机。

(3) 针对性原则：材料或活动应针对学生存在的问题和教学内容的特点，为实现教学目标服务。

(4) 趣味性原则：材料或活动应尽量新颖有趣。材料或活动的新颖性和趣味性，能有效地激发学生的学习动机。

2. 探究学习与构建新知

在“情境-探究式”教学中，教师利用所创设的情境激发学生学习兴趣，引导学生主动参与课堂研究。学生通过自主探究得到一些结论后，往往有些凌乱不系统而无规律，只有通过整理，才能融入学生已有的知识结构中，从而有效建构起自己的知识体系。教师要利用学生的已有知识，寻找正确的“探究点”，看准引导的时机，把握引导的力度，组织学生进行有效的合作交流，分组派代表展示各自观点，并对其进行点评、归纳、总结，形成学生新的知识构建系统。

3. 迁移应用

“情境-探究式”课堂教学是通过特定情境的创设和利用使学生获得必需的知识，但不能让学生仅局限于特定情境去解决问题，而是要发展他们的知识迁移能力。所以，当学生掌握了新知模型后，教师就要及时组织学生进行多形式、多方法的迁移运用。如进行以下几个层次的练习。

（1）创设学生能够运用所学新知解决问题的情境；

（2）在运用新知的过程中，对存在的问题重点指导，强化方法和策略；

（3）提供不同层次的问题情境，供学生分层练习。

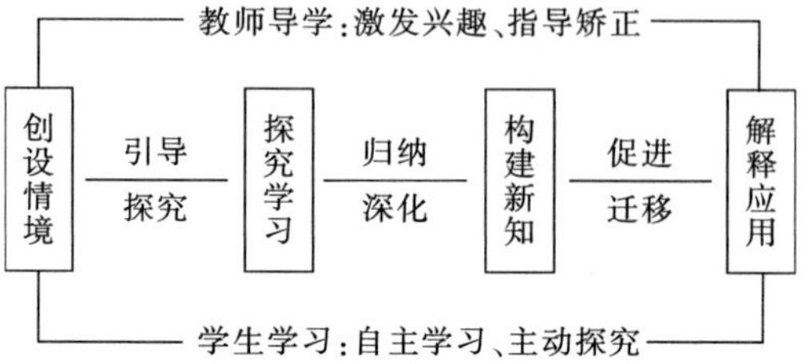

“情境-探究式”课堂示意图

第三部分 “情境–探究式”课例研究的学科探索

第七章　文科类学科课例研究的探索

第一节　语文“情境-探究式”课堂教学微探

美育是五育之一，是种刚需，能让我们发现生活中的美，从而让自己的生活更加充满诗意，而情境教学便是激发美感，促进美育发展的有力助手。在语文课堂中，运用“情境-探究式”教学能够更大程度地发挥学生的主体性，也能让学生更充分地感受文字的魅力。

一、关于情境创设的思考

情境教学占据如此重要的地位，这就要求我们能够在适当的环节创设适当的情境。一般而言，创设情境较好的时机是在课堂之前或课堂之中。若能够以一个主要情境贯穿课堂始终，则更能达成既定的目标。那么语文课堂应该怎样创设情境为课堂服务呢?

(一) 创设教学情境，做好课前预设

课前预设是指老师在授课之前，针对教学任务与目标布置任务，让学生提前进入学习情境。比如在复习“语言表达得体·连贯”这一专题时，恰逢需要举办高三成人礼仪式。我们可以在课前预设，布置任务。让学生为即将到来的成人礼撰写一则通知。然后对学生的所写通知进行展示，在课堂上进行“你从通知里知道了什么，你还想知道什么，你觉得这个通知的语言表达有何特点”等的追问。因为是学生即将参与的活动，以及是自己的作品，所以学生既能够轻松地进入所设置的真实情境，完成情境下的任务，还能达成学会撰写通知的目标。

(二) 创设教学情境，把握新课导入

课堂导入对于整堂课具有引领作用，要使学生迅速从其他课的思维转入本课堂当

中来就需要我们带领学生“入情入境”。语文课堂更多的是一种美的欣赏，所以，课堂导入可以从美的欣赏开始。比如，在讲授李清照的《声声慢》时，我们可在多媒体上展示一张李清照的相关图片，然后让学生自由发挥想象，猜测图片上的人物在干什么。这样一来，学生的好奇心能够迅速被激发起来，课堂气氛也就变得活跃了。又如，在讲授《喜看稻菽千重浪》一文时，我们可以在播放人民送别袁老的视频后，提出问题：是什么让人民对袁老有如此的深情与不舍？由此引发学生对文本的阅读、人物的分析。

（三）创设教学情境，突破教学重点

在讲授教学重点时，我们也需要精心设置情境，帮助学生对知识进行精准把握。例如，在学习《声声慢》时，学生很难一下子进入带有一丝绝望的愁苦的氛围当中，此时，教师可用语言渲染或播放名家朗读的方式，或是再加上一段李清照紧锁眉头、面容憔悴的视频画面，营造一种浓郁凄苦的氛围。学生在视觉与听觉的双重冲击下，入情入境，也就能更好、更透彻地感悟词人心中之苦了。

（四）创设教学情境，主攻抽象难点

在语文教学过程中，我们会遇到不少抽象的，甚至逻辑性极强的、难以理解的知识，这时候，设置情境就能化难为易，化繁为简，化抽象为具体。例如，在学习《论语》中的“子曰：学而时习之，不亦说乎？有朋自远方来，不亦乐乎？人不知而不愠，不亦君子乎”时，我们就需要借助生活中的实际例子，也就是借助类比情境来解释说明孔子这句话的含义。三句话，说的其实是三种境界，而曾国藩，作为儒家思想的正统传人，经世治学可以说都是对儒家思想的实践。所以，通过讲述曾国藩的事例，学生理解起《论语》的这三句话来，自然明白晓畅了。

二、关于情境创设方法的思考

在课堂教学中，合理创设情境，能促进课堂效果，提升课堂效率。语文课堂情境创设的方法多样，在这里，我们就课堂探究中常用的情境创设方法稍做总结。

（一）运用音乐、图片、视频创设情境

语言的终极是音乐，音乐能够唤起情感。在语文教学过程中，我们对于一篇文章把握与否，要看能不能很好地把握文章的主旨，即作者的思想情感。此时，借助音乐创设情境的方式，能够让学生更快地把握情感。古诗词的创作年代离我们都很久远，学生对当时的写作背景也很模糊。不如利用音乐、图片、视频来教学。例如，在教授《声声慢》时，播放背景音乐，学生在欣赏音乐的同时，还会思考古诗词的内涵，用音乐的美来唤起他们求知的欲望，能够让学生迅速进入意境，把握住作品的情感。更有

甚者，音乐、图片、视频还能够让情感发酵，催人泪下。

（二）联系生活实际创设情境

语文应该面向生活，所以我们要带学生走入大自然，走入生活。寓教于实践，亦是寓教于乐、寓教于美。在课堂中，教师要准确把握住时机，自然而然地将知识和生活连接起来。例如，在学习《沁园春·长沙》时，对于“恰同学少年”的理解，与其从字义上准确理解，不如直接说一句“你们现在正是同学少年”，接着理解下文的“风华正茂，书生意气，挥斥方遒”。同时，还能对学生提出要求：作为奋斗正当年的你们，也要有风华正茂的朝气，不仅笔下要有梦想，心中更要有家国。这样，思想教育也就穿插其中了。

（三）巧用史学资料创设情境

有一些语文课堂内容与我国的历史文化关系密切，在教这些课文时，教师需要挖掘文本中隐含的历史元素，并根据教学需要向学生拓展相关的历史背景资料，有效地激发学生的学习兴趣，让学生在重温历史中激发情感，与作者产生共鸣，进而更深刻地领悟文本内容，提升阅读品质。这个史料通常是“写作背景”，我们可以在导入或者在课堂教学过程中巧妙运用，提升课堂效果。

（四）设置教学活动创设情境

在活动中探究知识是新课程的重要理念。在设置教学活动时，可以根据教学内容和目标的不同采取调查报告、角色表演、演讲辩论等形式的活动来进行知识的探究。比如，在《烛之武退秦师》教学中，我们可以抓住烛之武游说秦穆公的这一故事情节，让学生扮演角色，来体会烛之武之智慧、外交辞令之逻辑，效果极佳。

“情境-探究式”教学法是语文教学当中常用且要充分利用的一种教学方法。在教学当中，创设适当的情境，引导学生对知识进行主动探究，能够充分调动学生的积极性，发挥学生的主体性，从而促进教师与学生的双边教学，帮助我们理解文字背后的密码，以共鸣语文之美好。

（刘玲花）

第二节　英语“情境-探究式”课堂教学微探

有人曾提出，情境教学是高效灵活掌握英语的关键。教师根据学生特点，围绕主题意义，创设丰富有趣的情境，这不仅能激发学生的兴趣和潜能，更能增强其学习效能感，促使学生由能力向素质转化。然而，农村中学英语学习的现状不容乐观。农村学生视野小，知识面窄，思维僵化，这严重影响了英语教学质量。为了从根本上解决问题，学校英语教研组推出了“情境-探究式”课堂教学，让学生去感知、模仿、观察、思考，感受英语学习的乐趣。探究成果如下。

一、情境教学之词汇教学

词汇犹如语言“大厦”中的“砖瓦”，是最基本的材料，可这却总让农村高中学生焦头烂额。在教学中，我们的学生总是反映单词难记又易忘。词汇不过关，英语学习举步维艰。尤其是高中英语新教材，词汇量大大增加。如果不首先解决好词汇问题，英语学习寸步难行。作为一名农村高中英语老师，想方设法引导学生科学有效地掌握词汇是教学的重中之重。我们在实践中不断探索各种方法，实践证明：把“词汇记忆融入具体情境中”能让学生达到事半功倍的效果。

以高中教材必修一的第一册 Unit3“Reading ：Strangers under the same roof”为例，这篇文章单词表中新单词和短语 32 个，加上课文中来自词缀变化的拓展词汇有将近 20 个，为了使学生高效地掌握词汇，老师可以给学习小组提供具体情境，让学生小组合作创造文本，文本中分别规定使用部分重点词汇，然后相互展示，相互检查和学习彼此的文本，通过这种方式让学生在熟悉的情境中运用词汇、掌握词汇。

所给小组图片情境之一：Lisa 告诉老师她与父母吵架，因为她想周末和朋友去露营，但是她的父母不同意，最后在老师的沟通后矛盾得到解决。

小组文本：Lisa <u>argued</u> with her parents yesterday, because she wanted to go camping with her friends <u>at the weekend</u> but her parents didn’t <u>see eye to eye with her</u>. Lisa shouted to her parents with <u>anger</u>, “I’m a <u>teenager</u>, I can make decisions <u>on my own</u>.” When the teacher knew about it, she <u>chatted with</u> Lisa. She told Lisa it is <u>normal</u> for her parents to <u>disagree with</u> her because they are <u>anxious</u> about her safety. As an <u>adult</u>, parents always <u>think something through</u>. The teacher told Lisa to think <u>from her parents’ point of view</u>, <u>calm down</u>, communicate with them and <u>address</u> their <u>concern</u>. <u>In the end</u>, Lisa <u>apologized</u> to her parents for her rude <u>behaviour</u>.

老师通过让学生使用所学词汇描述类似的生活中熟悉的情境，既巩固了学生对所学词汇的记忆，又顺便利用所学词汇进行了语篇练习，相比死记硬背单词表，实用性强多了。

二、情境教学之阅读教学

对于农村高中生，高中英语新教材不仅词汇容量大，课文涉及的知识范围广，有些内容对于农村学生来说太陌生、太遥远，如果单纯只局限于利用教材进行阅读教学，难度大，学生也因为兴趣不浓而不会积极主动学习。但如果通过情境教学，激发学生学习的欲望，不仅能降低教学难度，也能让学生在学习英语课文的过程中丰富各方面的知识，提高综合素养。

以新教材选择性必修一 Unit 3 "Reading：First impression —— A travel journal"为例，本篇课文虽然属于旅行游记，但是作者聚焦于印象派的作品，并且通过重点描述莫奈和雷诺阿这两位印象派画家的创作特色和代表作品，以点带面地介绍了印象派画家的共同特点及深远影响。

为了让学生能更好地理解文章，与作者产生共鸣从而积极主动学习课文，在 Lead in 部分，让学生欣赏文章中提到的印象派作品——《舞蹈课》《玩纸牌者》《睡美莲》和《煎饼磨坊的舞会》以及文森特·梵高的代表作《星月夜》和保罗·高更的代表作《黄色基督》，或者通过视频向学生介绍印象派画家及其作品。接下来的课文阅读学生自然就跃跃欲试了，因为通过 Lead in 欣赏印象派作品，阅读文本内容已经不再陌生，相反，他们的求知欲已经被激起，因而接下来的阅读教学就如同顺水推舟了。

三、情境教学之语法教学

单纯的语法学习是枯燥无味的，而高中英语语法学习又是每个单元的一个重点内容。如果就是简单罗列语法理论知识，学生是学不好语法，也不可能将语法熟练运用的。将语法学习融入情境中教学，不但能让学生学得轻松，还能让学生学以致用。

以学习动词不定式充当状语、定语、主语为例。整个课件以介绍宁乡美食为主线，搭配漂亮的美食图片，让学生在垂涎欲滴的过程中系统地了解了家乡美食和动词不定式的用法。

Task round 1

1. One day, tired and starving, Emperor Zhu Houzhao was fortunate ________ (be) a guest of a local woman...

2. The emperor had the delicacy, only ________ (find) that it tasted better than all the feasts he had enjoyed.

3. Nowadays, the government regularly holds activities ________ (promote) the Ningxiang Pigs culture.

由此得出动词不定式充当原因状语、结果状语和目的状语的用法。

Task round 2

1. "Four treats" is an important aspect ______ (show) how the locals have lived...

2. Ningxiang locals have found a way ________ (work) with sunshine...

3. Abundant sunlight is the best condition ________ (make) the four treats.

由此得出动词不定式充当定语的用法。

Task round 3

1. It is enjoyable for tourists ________ (taste) Weishan Tofu...

2. ..., it often takes people long time ________ (make) it.

由此得出动词不定式充当主语的用法。

在欣赏美食的过程中讲练结合把语法学习完后，学生就能用所学知识写一篇演讲稿推介宁乡美食了。这种语法现象情境化学习，不仅能增强语法学习的趣味性，而且也让学生学了语法就有了使用的欲望。

总之，适当地使用包括图片、电影、音乐、学生表演等各种手段，将情境植入英语课堂教学中，使得抽象的介绍具体化，陌生的知识熟悉化，复杂的内容简单化，从而使学生身临其境般学习，不知不觉中就达到了耳濡目染的效果。

作为一名扎根于农村高中的英语老师，我认为，英语教学不仅要重视“学什么”，更要关注学生是否“喜欢学”，以及是否知道“如何学”。近几年，在高中教学“双新”背景下，我们英语组开展的情境教学不仅让学生乐学善学，还让我们老师体会到了教英语的幸福，或许这就是真正的“寓教于乐”吧。

（胡雄辉）

第三节　历史“情境-探究式”课堂教学微探

新课程改革下出现很多的学习方式，合作探究便是其中一种。良好的情境教学不仅有助于学生的认识活动，而且有利于激发学生的情感，从而产生一种巨大的教育力量，使学生记忆得更牢、理解得更透彻，这对于一节成功的课堂教学活动来说是必不可少的。创设历史情境法是当今我们中小学在中学历史课堂实际教学应用过程活动中较为常用到又是比较传统的教学设计模式手段和研究方法。在高中教学“双新”背景下，我们根据实际，推出了“情境-探究式”课堂教学的研究。如何让历史课堂充满趣味，把历史讲活，在高中历史课堂教学中，我们可以这样实践。

一、根据故事设置课堂情境

历史中有很多大事，如果是机械地讲述原因、背景、经过、结果和影响等，学生们听着肯定是非常无趣的。若想讲述某一历史事件，要让学生觉得充满趣味，可以通过创设历史情境，还原历史现场，让学生们亲身参与到这中间，感悟历史。例如：在讲《人民解放战争》一课时，按照历史发展的脉络，教师首先讲述重庆谈判的背景——抗战胜利后，和平民主是全国人民最期待的事情，但蒋介石由于没做好准备，三次电邀毛泽东到重庆谈判。毛泽东、周恩来等人为了民族大义和国内和平，毅然前往。但我们是不是可以换种思路呢？

在导入新课后，教师直接展示三封电报的内容，通过三封电报的时间和具体内容，提问：蒋介石到底是为国忧虑还是暗藏玄机？进而展示国共两党代表的主要言论，对于国民党考虑的“共产党来不来”和共产党考虑的“我们到底去不去”的问题，将学生分成两大组，分别站在各自的立场上分析缘由，从而体会这场谈判所代表的意义，以及共产党时刻以人民为中心的宗旨。

二、利用史料组织课堂教学

目前，在高考试题中，各个题目都可以体现史料教学的意义。在历史核心素养中，史料实证是其中之一，而提取信息也是培养历史学科的关键能力，这些都与史料相关。利用史料是创设情境、组织好教学的方式的一种。比如：在中外历史纲要上《挽救民族危亡的斗争》一课中，对于义和团运动的评价，我们经常运用它的口号“扶清灭洋”来分析。

在“情境-探究式”课堂教学中，我们可以先设置情境：对于义和团运动，有人说，它是一场反帝爱国运动；也有人说，它是误国的悲剧。根据材料及所学知识，谈谈你的看法。课堂上给学生时间对史料进行研读、对观点进行讨论，形成观点，在讨论过程中，教师适当给予点拨。

【材料】 “……他们在训练上所缺少的东西，却由他们的勇猛来补足了。他们在优势的敌人面前表现出的勇敢，不断地使我们信服：中国人并不像我迄今为止所相信的那样，他们很少怯懦，而更多的却是爱国心和信念。”

——八国联军英军上校《在华一年记》

【材料】 无论欧美日本各国，皆无此脑力与兵力可以统治此天下生灵四分之一也……故瓜分一事，实为下策。

——八国联军统帅瓦德西

【材料】 传言童子法力小，故多伤亡；年壮者法力不一，故有伤、有不伤；老师、师兄则多神术，枪弹炮弹近身则循衣而下，故无伤；人多信之。……临阵以童子为前队，年壮者居中，老师、师兄在后督战，见前队倒毙，即反奔。

——佚名《天津一月记》

【材料】 许多传教士和外国人、中国教民被杀…他们要消灭一切带“洋”字的东西……有用洋物者“必杀无赦……”

——雷颐《义和团运动：一场无与伦比的历史悲剧》

最后由教师总结：不同人基于立场、材料的不同，对义和团运动有不同的评价。但在那个半殖民地半封建社会，作为落后生产力的代表，农民阶级展现出来的英勇无畏的斗争精神值得我们肯定，也是今天在实现中华民族伟大复兴的关键时期大力倡导的。

在这个过程中，通过合作探究丰富课堂教学的方式，既展示了学生们各自对材料的理解，又培养了学生们的唯物史观，对义和团运动有了一个正确的认识。

三、亲临现场增加历史趣味

历史是讲过去的事情，是与过去的人和事打交道，是过去和现在的交流。现在社会变化很快，很多人并不能理解当时人们的所作所为、所思所想，只有回到现场，身临其境，才能体会当时的意味。

如在讲授《中国共产党的诞生》一课时，可以去到何叔衡故居。何叔衡作为长沙参加中共一大的代表，其故居有很多的历史资料可以查阅，在其故居内开展本课的学习，可以让学生感受伟人家庭的氛围和身上的精神。比如，2018 年 10 月，学校党支部书记将学校的党史课搬到一个农户家里，这位农户就是 1961 年刘少奇主席视察宁乡黄材水库时遇到的一位妇女。50 多年过去，中年妇女变成了白发苍苍的老人，但和刘少奇主席交谈的场景，却让她老人家记忆犹新，听着老人家的讲述，那段历史就好像在眼前，让人倍感亲切。再比如，在讲《人民解放战争》一课时，可以将课堂搬到我们学校的红心园，通过展板上的文字介绍，让学生明白，五中作为宁乡第一所有党组织的学校，为湖南的解放做出了一定的贡献，同时，可以通过此内容，增强学生的自豪感。但此方法需要考虑具体的内容，并不是每个内容都适合，这就需要老师们多发现，发现身边有效的历史资源，从而充分利用。

情境教学是一种好的教学方法，只有遵循情境创设的原则，巧妙地去创设历史情境，使学生身临其境，才能激发积极情感，让学生积极参与到课堂当中来。学生的积极参与，能使学生在认知上，从不懂到懂，从少知到多知，从不会到会；在情感上，从不感兴趣到感兴趣，从不喜欢到喜欢，从不热爱到热爱，从而构建有效的历史课堂教学，这正是历史教师永恒的追求。创设历史情境、增加历史课堂趣味的方式还有很多，作为历史老师要经常走出去，用长沙市历史教研员邓近平老师的话说：走出去，世界就是你的家；不出去，家就是你的全世界。

（沈　蕾）

第四节　政治“情境-探究式”课堂教学微探

在新课程改革背景下，如何有效地让学科核心素养落地生根是高中政治教师必须思考的问题。而“情境-探究式”教学是激活思想政治课堂的重要途径，真、实、情、启、趣的情境教学，能点燃学生思维的火花，有效培养学生的情感认知能力与价值取向。

一、创设情境的关键环节

（一）设计新课导入

俗话说：“良好的开端是成功的一半”，新课导入便是课堂教学的开端。引人入胜的导入能瞬间抓住学生眼球，激发学生兴趣，起到良好的引领和铺垫作用。教师在把握学情的基础上，创设合理情境，精心设计课堂开场白，能让学生快速进入预热学习状态，激发学生的好奇心和探究欲。比如笔者导入“8.1 文化的民族性与多样性”新课时，聚焦 2022 年 5 月 18 日国际博物馆日，利用时政新闻，创设新颖独特的情境，引导学生感悟文化的民族性与多样性。

（二）主攻教学重难点

合理创设情境，有利于突破课堂重难点，将“情与境”融入教学环节中，充分调动起学生的情感想象力、感受力和表现力，让学生在情意浓浓的视听课堂氛围中，完成教学任务，将时代精神与德育教育有机融合。例如，笔者在引导学生思考民族文化的作用、灵魂和核心时，让学生以小组为单位设计一张宣传海报，推介中国某一博物馆，凸显中华民族优秀文化的特色，并展开讨论，再引导学生思考博物馆的作用。学生能从云游博物馆推导出民族文化具有激发民族创造力的作用，能从四羊方尊、司母戊鼎等文物坚定文化自信，推导出民族文化具有维系社会生活等作用，此时，教师巧妙点拨文物的象征意义，与价值观相衔接，学生便能茅塞顿开，自然而然就生成答案。

二、情境创设的具体途径

（一）关注时政展现真实情境

了解时事政治，紧扣时代脉搏，让知识与时政结合，让知识融入情境，既有利于拓宽学生视野，又能锻炼学生的实践能力。在讲授《8.1 文化的民族性与多样性》时，以最新国际博物馆日为例，设计了两个子议题，趣游中国博物馆和世界上其他最奇特的博物馆，让学生感受2022新的“文博热”，驱散了学生学习的疲惫，学生在轻松愉悦的氛围中融入课堂教学。

（二）运用信息技术创设趣活情境

促进信息技术与学科教学相融合，是贯彻落实《湖南省中小学教师信息技术应用能力提升工程2.0实施意见》的要求，而创设多元化的情境更离不开信息技术的应用。

教师应避免单一化的情境教学，利用PC机、智学网、希沃白板5等教学工具结合教学内容创设多元化情境，激发学生的热情，使学生保持高涨的学习热情，提高学习效率。例如，笔者通过PPT展示全球最奇特的博物馆，利用视频让学生感受中国博物馆的力量，巧用希沃白板5现场展示学生制作的中国博物馆宣传海报，打开学生的感官，达到了良好的效果。

（三）巧用设问创设多元情境

政治教师巧用问题情境，在引导学生发现和解决问题的过程中，能活化思维，掌握知识，启迪智慧，提升能力。比如，笔者让学生一边观看国际博物馆日宣传视频，一边引导学生思考有哪些具有鲜明中国特色的文化元素，学生能快速推导出民族文化的地位，教师再抛出问题：“在视频中，除了汉族，你还看到了哪些少数民族，民族文化是怎样形成的呢?”学生能推导出民族文化或多或少借鉴融合了其他民族文化。笔者在带领学生趣游全球博物馆后，引导学生运用文化多样性的知识，分析保护博物馆的意义。在思考的过程中，笔者引导学生多角度、辩证的全面思考，从而推导出尊重文化多样性的意义。

总而言之，核心素养视域下的高中政治课堂“情境-探究式”教学法是当前政治教学中有效且实用的一种教学方法。尤其是对于政治这种理论枯燥、学生难以提起兴趣的学科，需要通过情境教学帮助学生进入政治学习的氛围中，更好地开展相应的政治学习，培养学生良好的政治素养，使学生能够在政治学习的过程中，更好地理解政治的意义，使学生拥有更好的政治思想，树立起正确的人生观和价值观，从而成长成为优秀的社会主义接班人。

（欧　瑜）

第五节 地理“情境-探究式”课堂教学微探

地理学科核心素养是学生在经过地理课堂学习后所形成的，能够适应其终身发展和社会发展需要的，在解决真实情境中的问题时所表现出来的必备品格和关键能力，具体包括区域认知、综合思维、地理实践力和人地协调观。高中地理教育的重要目标之一就是让学生在真实的情境中运用所学的地理知识和技能，感悟、分析、理解人地关系状况。而地理知识只有融入地理教学情境之中，才能更容易被学生所理解和掌握。有效的教学情境创设，不仅能让学生学到知识和方法，还能提升学生的关键能力和必备品格，达到培养学生地理学科核心素养的目的。本文主要从以下几个方面总结地理“情境-探究式”课堂教学实践。

一、创设问题情境，激发学生的探究欲望

在中学地理教学中，教师要创设问题情境，借助问题启发学生的思维，活跃课堂的教学氛围。作为高中地理教师，要科学、合理地设计课堂问题，通过问题，在学生头脑中设置一个悬念，调动起学生学习地理知识的积极性。在课堂上，教师可以通过创设问题情境，让学生不再觉得学习地理知识是枯燥无味的，而是能从中感受到学习的乐趣，从而使地理课堂氛围变得活跃起来。久而久之，地理课堂的教学效果就可以得到明显的提升。但由于学生之间存在差异性，设计的问题也应该有所差别。比如情境材料：宁夏地处西北内陆，风沙天气多。近年来，由于人类活动的影响，沙尘暴天气频繁，严重影响了工农业生产，给人们的日常生活带来了不便。教师可以利用多媒体设备，以随机的形式，播放一组关于沙尘暴的新闻录像，并配以多幅连续拍摄的系列卫星遥感图片和反映沙尘暴源地及其移动的动画图片。提出如下问题：沙尘暴是怎样产生的？宁夏为什么沙尘暴频发？对人类生产生活有哪些影响？引导学生对相关内容进行探究。

二、创设生活活动体验教学情境

巧妙创设让学生自主活动体验的教学情境，如地理考察、地理观测和地理实验等，对于培养学生的地理学科核心素养具有非常重要的意义。高中地理课程标准在必修一中以“自然环境中的物质运动和能量交换”为主题，提出了“运用图表说明大气受热过程”的学习要求，还提出了“利用身边可以找到的材料（如透明塑料袋、塑料薄膜、

玻璃瓶等）和温度计，做一次模拟大气温室效应的小实验”的活动建议，可见课程标准十分注重学生的活动体验学习。在像这样的教学情境创设中，教师可以提供实验的器材，不单只由教师演示，也要让学生自我设计实验。通过讨论和探究，唤起学生强烈的主动参与意识和求知欲，进一步调动学生的思维，让学生展开思考、交流、亲身实践，有效地调动学生的地理学习兴趣，避免出现“眼高手低”和“纸上谈兵”的现象，同时加深学生对地理现象的认识，更好地培养学生的综合思维与地理实践力。

三、利用图像、视频、影像等形象材料创设情境

地理图像是地理教材的重要组成部分，是地理知识和地理信息独特的载体和表述方式。通过地理图像等形象材料创设学生喜闻乐见的生活情境，是培养学生地理区域认知的有效方法和途径。课程标准对高中地理必修二第二章“农业的区位选择”的学习要求是分析农业区位因素，举例说明主要农业地域类型特点及其形成条件。这部分内容要求学生能对这些农业地域类型进行区位因素分析，通过解答农业区位问题，学会运用正确的区域认知思想思考农业问题。教师在课堂上首先展示多张具有代表性的农业景观图，让学生欣赏，让学生感受不同地区会有不同类型的农业生产，并进一步引导学生对所学区域自然条件与农业生产的关系进行初步分析，对自己举出的实例与教师给出的实例进行对比分析，进而让学生对农业地域类型的形成有更加深刻的认识。

四、利用角色表演体会教学情境

教学过程是学生自主学习的过程，是合作学习的过程，是科学探究的过程。个体与环境的交互是具身情境，这种情境学习的过程被称之为“合法的边缘性参与”。学生能够通过与环境交互来形成关于世界的概念。学习“澳大利亚”时，通过学生扮演课本剧的方式，创设身临其境的场景；学习“自然资源的开发与利用”时，以鄱阳湖为例，通过角色扮演的方法，切实反映政府、居民、旅游者的不同利益诉求，使学生深刻领悟自然资源的开发与利用应遵循的原则。

五、利用诗词、谚语、音乐渲染教学情境

由于诗词、谚语、音乐是具有独特感染力的语言，利用它们营造教学情境，可以引起学生情感的共鸣，产生情意响应和良好的教学效果。如学习“农业区位选择”时，利用“长安回望绣成堆，山顶千门次第开；一骑红尘妃子笑，无人知是荔枝来”“谷雨前后，种瓜种豆；枣芽发，种棉花；过了清明节，耕田不用歇”可直观形象地表达农业生产的特点。学习地形对气候的影响时，运用“人间四月芳菲尽，山寺桃花始盛

开”。学习河流时运用“长江之歌”“黄河船夫曲”创设教学情境。

总之，地理教学情境的创设方式是多种多样的，在高中地理教学中，教师应积极创设充满活力的地理教学情境来调动学生的思维，激发学生的地理学习兴趣，使学生在不同的地理教学情境中不知不觉地形成地理学科核心素养，从而促进学生的终身发展。

（尹　艳）

第八章　理科类学科课例研究的探索

第一节　数学“情境-探究式”课堂教学微探

所谓数学中的情境教学指的是将知识构建成一个情景空间，在课堂教学上营造一个浓厚的教学氛围，学生能够在知识和活动紧密结合的环境中学习，从而激发学生对学习数学的热情和积极性，不断提升学生的思维能力。具体来说教师需要根据现有的问题来构建课堂的情景空间，并且结合现实生活，深入发掘学生的自主、合作探究能力，让学生能够真正地学习和掌握到数学知识和数学技能，形成自己的数学思维与学习方法。

一、问题情境的设置启迪学生思维

创造始于问题，有了问题才会有思考，有了思考，才有解决问题的方法，才有找到独立思路的可能。这是陶行知先生说过的话，这句话同样适用于高中数学的教学过程。在高中数学的教育教学当中设置问题情境，能使学生在问题当中进行有关数学的思考，找到解决数学问题的方法，并找到独立思考数学问题的途径。

例如在“用二分法求方程近似解”这一节时，可以设置这样一个问题：学校田径场的八盏路灯是用串联连接的，现在其中一盏坏了，电工师傅一次只能检查一盏，怎么样可以用最快的速度查出坏掉的路灯？学生分组讨论，课堂非常活跃，许多数学基础不好的学生也参与了进来，各抒己见，最后得到了最佳答案，将八盏灯一分为二，先一次检查前四盏，都亮说明问题在后四盏，不亮说明问题就在这四盏，再把有问题的四盏一分为二重复上面的操作直到找出有问题的灯，所以最多只需三次。以类似如检查线路的原理得到二分法的概念。接着提出运用二分法求方程近似解对函数有什么要求。学生在前面问题的研讨中得出不少结论："函数图像要连续不断""函数在规定区间只有一个根""函数图像必须穿过 x 轴"……教师最后给他们总结他们的成果即可。

通过问题情境的设置，学生在回答相关问题的情境之下一步步进行思考，从而进行二分法知识的学习，这样做一方面促进了学生对新课知识的理解，同时也锻炼了学生的独立思考能力。

二、直观情境的设置具体化抽象知识

信息技术作为科技的代表，理应被引进数学课堂教学当中。因为通过信息技术进行直观情境的设置，既能使学生接触到世界先进的技术，也能方便学生对抽象的数学有直观的认识。通过计算机这样的现代化教具，如 PPT、几何画板、三维立体技术等的应用，能够使学生更加直观地学习数学知识，将原本逻辑性的数字、图形进行直观理解。

例如：在讲述"函数的奇偶性"这一节时，可以利用多媒体几何画板，达到直观教学的目的。从课程的一开始，用列表法列出函数 $y = x^2$ 上的几个点，让学生得出猜想，当 x 取相反数时，函数的函数值相等。然后在几何画板上做出对应函数的图像，通过动画演示，可以发现无论如何改变自变量 x 的取值，函数值始终与 x 对应的函数值相等，从而验证我们前面的猜想。

三、生活情境的设置增强课堂趣味

数学来源于生活，又应用于生活，在数学教学活动中创设有效的应用问题情境，能使学生运用所学知识解决生活中的实际问题，感受学习数学的必要性，同时也能真正体会到学好数学的重要性。

例如，在学习简单几何体的表面积时，可以让学生自己裁剪制作几何体，感受几何体表面积的构成。在学习排列组合时，可引入排队的小游戏或者摸球的活动，让学生更清楚地体会到排列分顺序和不分顺序两种算法，在学习圆和椭圆形状时，可教学生用简单的工具画椭圆，通过动手，引导学生对椭圆给出自己的定义，体会改变焦距或者长短轴对椭圆形状的影响。

在实际运用"情境-探究式"教学法的时候，我们不能单纯地考虑教学的趣味性，同时也要考虑教学的目的性、探究性、思考性和启发性。总之，在高中数学教学过程中，熟练应用"情境-探究式"教学法，优化教学辅助用具的使用，是实现"生本课堂"的教学目标，是改善传统教学方式的法宝，同时也能锻炼学生的独立思考能力，是提高学生课堂兴趣的秘诀，真正做到以学生为主，培育学生的独立思考能力，使得高中数学课堂更加高效。

（蔡亚强）

第二节　物理“情境-探究式”课堂教学微探

物理学科是一门极具明显实践性特征的学科，在当代物理教学过程及《普通高中物理课程标准（2017年版2020年修订）》要求下，传统的教学模式已经无法很好地引发学生的学习积极性和学习兴趣，更无法培养学生形成良好的实践应用能力。基于“一核四层四翼”的高考评价体系，我们需要完成从“老师教学生什么”到“学生需要老师教什么”的模式转变。联系时代背景及教学经验，教师在实际教学过程中，结合实际情境，以情境引出问题的教学模式，将极大地提高学生的学习效率。

一、物理教学过程中创设教学情境的原则和意义

为加快学生物理观念的形成和提高学生解决实际问题的能力，教师应当遵循科学原则，在教学中从适用性、科学性的角度创设相应的情境。在以情境引问题、以问题导探究、以探究促结论、以结论解问题的教学模式下，引导学生认识物理学科的意义，发现自然科学的本质。对学生起到良好的启迪作用，促使学生积极地探索物理规律，成为物理学习过程中的主体。

以“加速度”的研究为例，抽象的物理概念往往更难以让学生接受，对“运动快”和“提速快”的生活认知往往混为一谈，错误地认为一个物体运动快即提速快。当我们从赛车与飞机进行竞赛的情境着手，从物体起步至完成加速的生活情境展示给学生，学生通过简单的观察和思考，不难发现：完成加速前的过程，赛车速度更快，而完成加速后飞机的速度明显更快。当速度这一概念无法准确区分两物体的运动时，学生对已学“速度”的物理概念进行知识迁移，从而引出相同时间内速度大小变化不同和变化相同大小的速度用时不同这两方面的思考，形成“加速度”这一新的物理观念，推进规律发现、实践应用等教学环节的发展。

在创设情境时，应当与教学内容相辅相成，充分结合学生熟知的生活现象，从而引发学生在情境中依靠自己去发现问题、思考问题、解决问题。在情境创设过程中，首先，要秉承遵循脱离抽象、增强趣味性的原则，充分结合高中生年龄阶段感兴趣的、具体的、好展示的实例。其次，创设的情境也需具有精准性、条理性，要留有启发空

间，让学生在对情境进行分析时，能最大程度引发其进行深入思考，创造更为广阔的对物理知识的探索空间。

二、创设课堂情境的科学方法

要实现科学的创设物理教学情境，完成提升教学效率、课堂有效性以及加强学生思考的主动性的目的，教师需要深入探讨和研究物理教学实践过程中科学创设情境的策略和方法。教师需要在秉承科学原则的基础上，创设更精准、更有效的物理教学情境，从而引出更具驱动性的教学问题，提升教学包容性和有效性。

(一) 通过物理实验创设教学情境

实验是物理学科教学过程中的重要环节，也是物理学科特色的体现。相较于纯粹的理论知识，物理实验本身更能激发起学生浓厚的兴趣。从实验出发，抛出引导性的、探究式的问题，由学生自主发现和总结物理规律，能使学生的身心在课堂中更加投入。面对真实的实验操作和直观的实验现象，也能使学生在规律发现过程中更具有目标性，充分加强科学探究、科学推理、科学论证的能力。

在实际教学过程中，如对必修一"自由落体运动"的研究，为了让学生更充分的理解自由落体是初速度为零的匀加速直线运动，学生利用打点计时器和自由下落的钩码进行自主、合作探究，结合对变速直线运动规律的探究方法，分析重物下落过程中的位移、速度变化情况，得出自由落体运动的特点：初速度为零，且速度变化规律符合匀变速直线运动规律，同时测量出自由落体的加速度，从而归纳出自由落体运动的相关规律。这更能强化学生对知识来由的认知以及知识的运用。同理，在"闭合电路欧姆定律""抛体运动规律""动能定理"等研究中，也可由实验进行引入，通过创设实验情境，提高学生的参与感，增强由情境引入的探究式学习，让学生更直观、更形象地对物理观念和物理规律进行充分的认知，有效激发学生对相关知识的探索兴趣。

(二) 充分融入现实生活创设情境

实践性特征明显是物理的学科特征，物理学科是一门从生活中来，用以解决生活问题的学科。在实际生活、生产过程中，物理学科的知识融入了每一细微之处。因此，在创设物理教学情境的过程中，我们必须要充分结合学生的实际生活事例，从而以学生熟知的实际场景加强情境的生活化表征。

以"圆周运动"为例，生活中处处存在着具象化的圆周运动：风扇的转动、时钟的运转、自行车的工作、汽车过拱桥等，都是学生经常接触或者了解到的事物，将这些事物作为教学素材，必然能唤醒学生对生活的记忆和平常观察中的疑问，从而激发学生的兴趣。对于此类教学素材，学生能很快消除陌生感，促使学生主动参与到教育教学环节，最终促进物理课堂教学的整体有效性。比如以自行车的工作为例，我们甚至可以将自行车带进课堂，让学生观察踏板的转动带动前齿轮的转动，再由链条传动至后齿轮，从而带动后轮的旋转。通过有效观察，学生能自主构建圆周运动的物理模型，区分并理解同轴传动、齿轮传动等方式，进而形成圆周运动线速度、角速度等相关物理概念。学生对各物理概念有统筹的认知、物理规律有初步的归纳后，再由教师提出驱动性的问题：如果要设计自行车变速器，该对自行车进行怎样的结构改进。此环节能极大地提高学生的实物操作、改进创新能力，培养学生养成良好的物理探究能力，贯彻落实物理“从生活中来，到生活中去”的实用性理念。

（三）利用多媒体创设生动、形象的教学情境

在科学技术日益进步的今天，利用多媒体技术进行教学已经在课堂中广泛应用。对于实验不好操作、生活中不常见的事例，教师完全可以充分借用多媒体技术的生动性、形象性创设高中物理教学情境，让学生对于陌生的运动事例能有更直观、更清晰的认知，从而促进教学的开展。

以“卫星环绕天体运行”的场景为例，教师可以播放从航天飞船的发射、空间站环绕地球的运行、卫星变轨被月球捕获至降落月球、地球的公转等视频，辅助学生直观地观察和了解天体运动，促进对天体运动规律的探究。利用多媒体演绎教学情境，让学生对不熟知的模型有更清晰的认知，避免了只能凭空想象，内心却没有实际情境的尴尬局面。教师可将原本抽象化的内容动画化，演示当卫星发动机工作使卫星加速后，其运动轨迹（高度、速度等）的变化，深层次了解卫星如何实现升空、变轨、登月等环节。通过设计合理的问题，引导学生对变轨原因、受力分析、变轨结果、能量分析等进行探究，连接学生与问题，激发主动思考，让学生在解惑中习得知识。将航天飞船等情境融入教学，学生对航天事业背后的艰难发展有更进一步的了解，能够让其对物理规律在重大领域研究有举足轻重的应用而产生自豪感，增加对物理学科的认同感，同时可以上升到家国情怀、民族自豪感等高度，提升民族自信心，也为学生要成为一名能对社会做出贡献的人，埋下一颗萌芽的种子，强化社会责任感。

“情境-探究式”课堂教学的教学方法是新时代下新课程所需的教学方式，其实践和应用需要更长期的摸索和总结。在实际教学中，要做到充分创设良好的教学情境，以情境引问题、以问题导探究。基于新课程标准，以核心素养为导向，遵循科学原则，结合实际生活，运用多媒体技术等，更好地增进课堂有效性，提升教学效率。

（蒋志标）

第三节 化学"情境-探究式"课堂教学微探

化学是一门以化学实验为基础的学科，化学来源于生活又应用于生活，它反映了各种生活现象，又可用来解决生活中遇到的诸多问题。在高中的化学学习中，若只机械地识记知识，难以让学生达到能灵活运用知识的水平。实施"情境-探究式"教学法能帮助学生建立教材同生活间的联系，激发学生的学习热情，在问题情境中，引导学生自主学习，进一步提升学生设计实验、进行实验的能力。创设情境可以从多方面入手，教师也需要不断提升自身业务水平，优化教学策略。

一、创设实验情境

实验是高中化学教学中必备的教学方法，能充分调动学生进行化学学习的积极性，帮助学生通过实验深入理解化学知识，培养学生的操作能力、学以致用能力，对促进学生核心素养的提升具有重要意义。在化学教学中，实验也是教师验证化学理论的重要方法之一。创设实验情境，应将教材中的实验研究透彻，以适当的形式引入课堂。如在必修一"碳酸钠与碳酸氢钠"的学习中，书上有一系列有关这两种物质性质对比的实验，在做有关它们的水溶液碱性强弱的对比实验中，可创造如下实验情境：生活中我们可用具有碱性的物质除油污，那厨房中的苏打和小苏打可不可用来除油污呢?哪个的效果会更好呢?以此引发学生探究事实真相的兴趣，从而自然的引入到实验中来。有实验条件的实验，可创造条件让学生进实验室进行分组实验，锻炼他们的实验操作能力与合作能力。还可让学生对教材上的实验进行一定改进，提高他们的实验设计能力。

二、创设生活情境

任何学科知识都是基于生活现象并经过无数推敲、实验、总结、归纳出来的，化学学科也不例外。在合理的生活情境中，学生将会体验到化学知识是来源于生活的道理，在课后将会保持高度且专注的观察力，对生活中的化学规律进行观察思考。此外，高中化学学科也倡导教师应回归现实生活，通过生活实例来增加学生对于化学知识的印象，使得学生不脱离实际，真正地能做到学以致用。基于此，教师可以根据教学主题内容来合理筛选创设的生活情境的主题，以确保利用到的生活实例能够科学合理，帮助学生精准地了解重点知识。在课堂教学活动中，教师可以通过教学语言叙述方式或者多媒体动画方式来为学生初步呈现生活实例，达到能够让学生了解整件事件经过的目的即可。例如，在学习“铁盐与亚铁盐的转化”中，可先播放市民因连日食用榨菜而食物中毒，出现头晕、乏力、缺氧等症状进医院的新闻视频。从这个新闻中，让学生来推测榨菜使人中毒的原因是什么，又如何来医治。又如在“钠的化学性质”学习中，可播放钠工厂起火视频，从视频中钠遇雨水起火爆炸来推测其反应产物，以及解释为什么消防员用沙土灭火。

三、创设探究情境

在高中化学教学中，设置探究情境的主要目的是提升学生的化学思维能力，巩固所学知识，培养学生的归纳总结能力及创新能力。教师利用探究情境将学生带入化学课堂学习，实现对学生化学思维的启发与培养，促进化学综合能力与思维能力的提升。学生可以在教学情境中通过思考探究找出化学知识与生活实际之间的联系。如在学习“钠的氧化物”一节中，可创设探究情境，探究呼吸面具中钠的氧化物是哪种，在呼吸面具的使用过程中是如何产生氧气的，引导学生提出猜想，设计出能验证过氧化钠与水和二氧化碳都能反应并产生了氧气的实验来。多通过这样的化学探究活动来形成化学思维，在研究和实践中提升化学学习的能力。

四、创设问题情境

学生在化学学习中的质疑精神会促使学生积极思考。学生只有在课堂学习中对教学内容产生自己的想法，才能不断在学习中产生疑问，并通过实践和研究解决问题。在高中化学教学中培养学生的问题意识，可以培养学生质疑问难的精神和能力。例如，在学习过氧化钠的过程中，由于过氧化钠难以保存，在课堂上用来进行实验的药品中，颜色并不全是淡黄色，而会掺杂有白色物质。在观看色态这个环节时，应引导学生注意到这个问题，并让其大胆猜测这个物质是什么并通过所学来推测。在学完过氧化钠的性质以后，学生自然而然能推测出其变质的成分为碳酸钠。又如在学习“二氧化硫的化学性质”时，可以提问学生：从价态角度分析，你们认为二氧化硫应具有怎样的化学性质呢？从物质分类的角度分析，二氧化硫应该能和哪些物质反应呢？引导学生推理讨论总结，从而展开下一步的教学。在化学课堂中，通过这样的师生对话和问题引导，帮助学生来形成问题意识，提高他们解决问题的能力。

在高中化学教学中，运用“情境-探究式”教学法，能够有效提升课堂教学质量，培养学生的化学综合能力与核心素养。在实际操作和运用过程中，教师应注意紧扣高中化学课程目标，以教材为基础，根据教学目标和学生的实际情况合理设置化学教学情境，采用符合课堂教学需求的情境设置方式，明确教学内容，为化学课堂教学创设浓厚的教学氛围，激发学生的化学学习积极性与主动性，增强高中化学课堂教学效果。

（向晋芳）

第四节 生物“情境-探究式”课堂教学微探

生物课堂通过创设带有具体问题和情感氛围的情境，从而使学生形成良好的求知心理，在情境中感受学习的乐趣，领悟并活用所学的知识，激发和培养创新思维，提高解决问题的能力，是组织探究性课堂的有效方法。好的情境有利于学生理解本堂课的抽象知识，是探究课堂形成的基础，那么生物课堂的情境可以来源于哪里呢，下面总结三个方面的来源。

一、学生的生活

生物科学与人民的日常生活、医疗保健、环境保护、经济活动等方面密切相关，新课程标准也把这些列为重点，高考内容中有关社会和生活与生物学相关的内容是重要考点。在教学中，教师可以通过精心设计情境，使学生在现实生活情境中学习生物学，指导他们在解决实际问题的过程中深入理解生物学的核心概念。

【案例1】 在讲“生态系统的食物链和食物网”这一课的时候，我们往往会选择一个生态系统作为本节课的情境，但在确定生态系统的类型时，可以寻找学生们非常熟悉的生态系统的食物网作为素材创设情境，像我们学校处于农村，大部分学生是来自于农村，那么，在课堂上，我们会选择稻田生态系统作为本节课的情境。学生熟悉稻田生态系统中的生物以及它们之间的关系，可以迅速建立起食物网，然后在老师的引导下，对一个物种数量的改变，对整个食物网各个物种数量的影响进行讨论，从而对生态系统的整体性、复杂性有更深刻的理解，促进学生核心素养的发展与培养。

【案例2】 在新授课“水进出细胞的原理”这一课时，在学习完渗透作用以后，展示医院给病人输液用到的0.9%生理盐水和5%的葡萄糖溶液，提问学生，为什么不能给病人输入蒸馏水，或者质量分数更大葡萄糖溶液呢？从而引发学生对于动物细胞通过渗透作用吸水和失水的原理的思考。然后进一步提问0.9%的生理盐水和5%的葡萄糖溶液质量分数不一样，为什么都能使人体细胞的形态不发生改变呢？让学生深度思考渗透作用水分子移动的方向问题。接着向学生展示菜市场的摊主向蔬菜喷水的图片，提问学生，为什么蔬菜喷水可以保持新鲜？然后对植物细胞的失水和吸水进行探究。

教师通过创设生活情境引导学生把生物学联系到具体生活中，用科学方法去观察、思考生产中、生活中和环境改善中的一些经典问题，让学生认识生物学的重要地位和作用，从而培养学生学习生物学的兴趣和热情，提高学生接受新知识和新信息的能力。

二、教材

新教材上的“章节导入”“问题探讨”“思考讨论”“科学·技术·社会”等，都可以作为情境素材的来源。教师可以根据课时目标，还有学生的学情，结合课外查阅的一些相关资料，将它们创设为课堂情境。

【案例 3】 在讲“遗传信息的携带者”这一节内容时，学校老师在必修二的“DNA 结构”这一节教材内容的末尾的“科学·技术·社会”中提到了 DNA 指纹技术，而且在学生当中又存在悬疑小说比较流行的现象，学生们对于刑侦领域有相当浓厚的兴趣，所以，老师就用了 DNA 指纹技术作为本节课的课堂情境，向学生抛出一个“为什么 DNA 能帮助警察揪出犯罪分子?”的问题，引起他们的兴趣与思考，然后带着学生一起学习核酸的结构、功能和特点，揭开 DNA 指纹技术的奥秘。

三、科学前沿技术的发展和相关的社会热点问题

学习科学最终是为了解决问题。在生物课堂中，我们的课堂不应该局限于教材或者生活中学生能够接触到的科学知识，这样不利于学生创新思维和实践能力的培养。作为教师应该主动为学生提供了解生物科学前沿技术发展的机会。利用科学前沿技术的发展和相关的社会热点问题，创设教学情境，而且将学科知识与科学研究进展和学科相关热点结合考查在高考中也非常常见，学生可以在课堂上提前进行适应。

【案例 4】 在讲授“基因的表达”这一单元的内容时，学校老师以通过基因治疗手段完全治愈一名患有镰状细胞贫血症的男孩的研究作为单元情境，提问学生：镰状细胞贫血症的病因是什么？为什么通过基因水平的治疗可以治疗个体的镰状细胞贫血?引导学生探究导致镰状细胞贫血症的直接原因和根本原因，思考基因和蛋白质还有生物性状之间的关系。

将前沿科技以教学情境的方式呈现在高中生物课堂，能激发学生对生物科学的兴趣，了解科学家解决问题的思路和方法，认同科学态度和科学精神，感受到科研的巨大魅力，从而崇尚科学，并提高学生的创新意识。

以上三个方面是学校老师在实践生物“情境-探究式”课堂教学中情境创设的主要来源，要能充分利用各方面的资源，需要教师重视情境教学，在平时的学习、工作、

生活中，细心观察生活中的生物现象，不停下学习的脚步，积累情境素材，使学生的科学素养能在生物课堂中得到发展，充分体现本课程的学科特点和育人价值。

（陈宇霞）

第五节　体育“情境-探究式”课堂教学微探

随着体育课程的发展，出现了“重形式，轻实效”的现象，有些课堂“重技能学习，轻体能练习”，也有些课堂“重体能练习，轻技能学习”，最终导致两种后果：第一，学生的身体素质得不到提高；第二，学生的兴趣得不到很好的培养。如何兼顾两者之间的关系，成为高中体育与健康课程规划的重要问题。我们从学生兴趣和爱好出发，对于如何解决此类问题提出思考，经思考实践最终得出：“情境-探究式”教学可以成为高中体育与健康课程教学的主流组织形式。这种教学模式可以有效解决体育课程中的难题。

“情境-探究式”教学法是以中学生身心发展特征为依据，结合教育学和心理学的理论依据，以课堂情境为载体，探究存在问题的一种方法。“情境-探究式”教学法在体育课程中的运用，将会促进教师的教和学生的学的相互统一，极大提高学生的学习效果。

我们要创设情境，就要根据课堂需要，把握创造情境的时机，可以是课堂之前、中间或者结束，最重要的是如何解决问题，提高学生的兴趣和爱好，从而提高学生的技术和技能。

那么，如何创造情境，并在情境下推进教学，我们在以下几个方面做出了一定的探索。

一、通过问题创设情境

问题情境化能使学生置身其中，与自身已知或者未知矛盾相遇，可使学生内在的好奇心和探索欲勃发，促使他们去深思探究，在发现问题和解决问题的过程中，自然导入课堂的重点、难点。

提出一个问题比解决一个问题更重要。当一个问题提出，学生愿意去思考，我们就会更有效地解决问题。所以怎样去设问，如何让问题有针对性和时效性很重要，老师要多费心于问题提出的智慧。问题提出不仅仅局限于老师的口头表达，还可以通过体态语言辅助问题的提出。体态语言是无声的问题情境，是体育教师的基本功，用体态来辅助言语交流，比如各种表情、手势等。让学生去探索其中的细节，能够亲其师信其道。比如老师学大猩猩的动作，让学生置身于动物园的效果，吸引学生注意力，让学生思考是什么动作和任务，从而导入本节课所教的内容。

二、通过视频创设情境

通过视频情境抛出问题，激起思考，通过视频从视觉上干预，先让学生模仿，从而老师纠错和训练，最终达到本节课解决重难点的效果。

视频中有直接的动作模式，特别的规范和极具欣赏性是其最大的特点，对于学生形成最终动作有很大的促进作用。比如学生学习体操，可以观看中国体操奥运会比赛视频，学生就会在练习中自觉地向视频动作模仿和靠拢，老师及时的干预和纠错就会显得特别有实效和针对性。让学生在观看视频动作后自觉去掌握知识，锻炼能力，从而形成技术，最终实现终身体育。

三、通过音乐创设情境

音乐可以调节人的情绪，音乐旋律和节奏的变化会营造出不同的学练情境。教师可以根据教材内容特点、教学目标、项目风格以及学练需求，选择合适的音乐素材，为提高教学效果而实施相应的配乐。比如，以刘欢的“好汉歌”导入本节课的教学内容。此类多样的教学情境和教学方法能增强教学的趣味性和感染力。

四、通过角色扮演情境

在教学中，可以让学生通过扮演角色来产生角色效应，促使学生带着角色真切感受并投入自己的情感去理解体育运动的乐趣，加深学生对运动项目的理解。如在“篮球单手肩上投篮教学”中，可以让学生扮演自己喜欢的球星，模拟NBA比赛罚关键球的情境，使其感受场上运动员的压力，然后通过主动调整心态，运用正确的技术动作把球罚进。

总而言之，“情境-探究式”教学是高中体育与健康课程规划的有效途径之一，它不应只拘泥于形式，它应该与高中学校体育的各个方面相结合。在课堂教学中，围绕学习内容合理创设情境进行教学，能够激活学生的情感体验、提高学生体育学习的兴趣和加强学生参与课堂互动的意愿，从而探索出真正行之有效的训练手段和方法，从而更好地提高教学效率，真正实现提高学生身体素质的目的。

（刘　瑞）

第四部分 优秀课例汇编

《荷花淀》课例

陈常玉

【基本课型】

新授课——《荷花淀》

【教学设计】

一、教学目标

1. 分析人物形象，尤其是水生嫂等几位劳动妇女的形象。

2. 鉴赏作者塑造人物形象的方法——典型的环境描写、细节描写、语言描写。

3. 了解白洋淀地区人民抗日斗争中的生活，学习他们的爱国主义精神和乐观主义精神。

二、教学重难点

1. 教学重点：水生、水生嫂等人物形象的分析。

2. 教学难点：通过景物描写、细节描写来表现人物的感情。

三、教学流程

【环节一】　情境导入

呈现《关于举办2022年校园文化艺术节的通知》。

为进一步推动校园艺术教育的发展，经研究决定举办2022年学生校园文化艺术节。现将有关事项通知如下：

（一）活动主题

本年度艺术节的主题是“红色经典咏流传”。

（二）活动项目

校园文化艺术节表演形式包括朗诵、课本剧、歌舞等。

（三）参赛对象及规则

以班级为单位参加海选，进入决赛的班级将在元旦晚会上展演并颁奖。

请根据通知，排练《荷花淀》课本剧，参加校园文化艺术节演出。

【环节二】 新知讲授、重难探究

（设置情境：高二 333 班《荷花淀》课本剧策划演出）

选角 分析女主人公	→	海选 片段表演	→	添景 设置场景
“水生嫂”形象		“探夫遇险—助夫杀敌”		分析环境描写

（一）活动一：选女主角

为给校友们留下深刻印象，高二 333 班剧组拍了两组宣传照，将放在东教学一楼门厅展示。你认为哪组剧照中的女性更适合当女主角，结合文章中水生嫂的神态、动作、语言等描写，分析其形象特点，给足理由说服剧组导演。

（二）活动二：课本剧海选表演

选出符合女主气质的演员后，剧组排练了“探夫遇险—助夫杀敌”片段参加初赛，请在场的各位亲友认真欣赏，从“人物、主旨、情感”等多个角度挖掘作品中的“美”，为自己的班级进入决赛拉拉票。

（在选定女主之后，请学生进行“探夫遇险—助夫杀敌”部分的课本剧表演，表演者需要仔细揣摩人物特征，进而更好了解其中的人物精神，而在观看的过程中，学生能够以喜闻乐见的方式了解故事情节，品味其中的人物美、情感美、景物美。）

（三）活动三：布置场景

高二 333 班的《荷花淀》课本剧表演受到了评委的充分肯定，为了使作品更佳，影视剧中经常会借助环境来渲染烘托，请同学们找出景物描写的句子品析。

（战争是残酷的，战场上硝烟弥漫，血肉横飞，而本文却为我们描绘了一幅诗情画意的水乡图画，结合背景和创作风格，思考作者这样写的原因和艺术效果。）

提示：① 孙犁经历了美好的极致，在抗日战争中看到农民的爱国热情，参战的英勇，他的作品表现了这种善良和美好的东西，具有诗体小说的特性。② 北方人民日常性的贫穷、哀伤、凄凉和恐惧是孙犁小说的背景，因此，他更加需要在这满目疮痍的背景中寻找美好的安慰和激励。他的任务是用“北方人民”的坚韧、乐观、无私和美好来战胜“残酷”。

【环节三】 迁移运用

（1）请为《荷花淀》课本剧写一段节目介绍词，注意要和作品的风格一致。

（2）用《感动中国》式的语言或模仿《荷花淀》诗意的语言写群体颁奖词。

（作业旨在引导学生在把握小说主要内容的基础上，巩固孙犁小说的“诗化”特点，并运用于具体实践当中。）

【教学反思】

《荷花淀》这一课的教学以“文化艺术节”为大情境，主题兼顾本单元课文，设为“红色经典咏流传”，具有整体性且情景设置新颖有趣；结合班级实际，将学习任务设置为课本剧策划演出，包括“选角—海选—添景”三个阶段，每个阶段根据学习目标布置具体的活动。让学生在了解水生嫂人物形象的基础上，选定女主角，并在PPT上呈现出两幅画像供学生选，有助于学生结合性格特点去分析人物，课堂的效果较好。

不足之处：在个别环节，可以适当放慢速度，尽可能多地展示学生思维成果。

《中国建筑的特征》课例

廖　伟

【基本课型】

新授课——《中国建筑的特征》

【教学设计】

一、教学目标

1. 语言建构与运用：认识中国建筑的特征，注意文章是如何用简明而又准确的语言介绍中国传统建筑的特点，重点把握“文法”和“词汇”的含义。

2. 思维发展与提升：理清作者的说明线索，列出课文的结构提纲。理解不同的建筑“词汇”表达的情感。

3. 审美鉴赏与创造：体会科技论文的特点，学习文章用严密、准确的语言介绍事物、阐明原理的方法。学生小组合作，充分利用手边的材料，复制某个中国建筑或者建筑的某个部分，并撰写一份说明性文章。

4. 文化传承与理解：了解中华民族创造的灿烂物质文化，激发对我国古代建筑艺术的热爱之情。

二、教学目标确定的依据

（一）内容分析

1.《中国建筑的特征》是部编版教材必修下册第三单元中的一课，本单元反映了自然科学与人文社会科学的多个领域中的探索及其发现。

2. 本课作为自然科学小论文就是说明文的深度发展，即说明文重在说明，而说明性论文重在说明后的论述。因此，本课在本学科教学中处于承上启下的地位，有巩固说明文知识、向纵深开掘论文知识、为今后论文写作打基础的作用。

3. 这是一篇关于中国建筑的科学论文，同时也用优美的笔法展示了中国建筑的独特魅力，表达了作者弘扬中国建筑优良传统的热切愿望。

（二）学情分析

在初中到高中的课文中，学生已接触过说明文，但还没有接触过兼有论说性质的说明论文。学生在日常生活中观赏过中国建筑，但没有系统地去了解、归纳中国建筑的共同特征及其包含的文化、美学价值。

三、教学重难点

重点：梳理文本，把握中国建筑的特征；掌握说明顺序以把握结构的逻辑性，重点把握“文法”和“词汇”的含义。

难点：激发对我国古代悠久的建筑艺术的热爱之情，提高对我国建筑艺术的审美能力。

四、教学流程

◆ 环节一　情境导入

设置情境：播放本地具有中国特色的建筑（本校是一所农村高中，周边仍保留着大量的传统建筑，比如庙宇、祠堂、老屋等，还有响应新农村建设而修建的民居、具有江南徽派建筑特色的村委会等，旅游胜地炭河里还复原了一些先秦时期的建筑）等，让学生从自己熟悉的建筑中初步概括出中国建筑的特征。

学生预期回答：建筑一般为木质，讲究对称，多有文饰，有些建筑色彩绚丽。

教师提问：我国著名建筑学家、清华大学教授梁思成先生对中国建筑进行了专门的研究。在他看来，中国建筑有哪些特征呢？下面，我们一起来学习他的《中国建筑的特征》。

◆ 环节二　梳理文本、整体感知

合作探究一：朗读课文，总结特征

1. 中国建筑的特征十分丰富，作者向我们介绍了中国建筑的九大基本特征，请大家以小组为单位，自读课文，按要求完成以下任务。

① 标画出每段的重要信息，概括其特点。

② 标识说明方法，明确其作用和效果。

③ 小组内交流。

④ 小组间交流、讨论、补充，对重点含义进行探讨。

⑤ 小组代表展示，明确特征及其说明方法。

⑥ 教师及时给出评价，适当补充。

2. 全文结构梳理。

第一部分（1～2）：中国建筑的影响（地域分布和历史跨度）。

第二部分（3～13）：中国建筑的九大特征。

第三部分（14～17）：中国建筑的风格和手法（“文法”）。

第四部分（18～20）：提出民族的建筑之间的“可译性”问题，提倡熟悉中国建筑的“文法”和“词汇”。

3. 九大特征分类。

（一）—（二）总体特征，（三）—（五）结构特征，（六）—（九）装饰特征。

4. 学习成果展示环节。

第一组学习成果展示：总体特征（一）—（二）。

立体构成：由台基、主体（房屋）和屋顶三个主要部分构成。

平面布置：一所房子由一个建筑群落组成，左右呈轴对称，主要房屋朝南，整个建筑群有主有从，有“户外的空间”。

说明方法：作诠释、举例子。

第二组学习成果展示：结构特征（三）—（五）。

① 结构方法：以“木材做立柱和横梁”的框架结构，并解释了中国建筑的力学原理，指出这与现代的结构在原则上是一样的。

梁架：立柱、横梁、枋、檩、墙壁、门窗。

说明方法：下定义、举例子、打比方、作比较。

② 斗拱：拱是“弓形短木”，斗是“斗形方木块”，它们组合起来称“斗拱”。

作用：不但可“用以减少立柱和横梁交接处的剪力”“减少梁的折断之可能”“加固两条横木接榫”，还具有装饰作用（木构、砖石）。

③ 举折、举架：梁是多层的，上层总比下层短，两层间的矮柱总逐渐加高。这叫作“举架”。作用是为了形成屋顶的斜坡或曲面。

说明方法：下定义。

第三组学习成果展示：装饰特征（六）—（九）。

① 屋顶：“中国建筑中最主要的特征之一”，壮丽的装饰性很早被利用。与其他建筑体系的比较中，翘起如翼的屋顶是我们民族文化的骄傲。

说明方法：作比较、引用。

② 着色：朱红、彩绘。“在使用颜色上，中国建筑是世界各建筑体系中最大胆的。”

说明方法：举例子、作比较。

③ 装饰：大到结构部件、脊吻、瓦当，小到门窗、门环、角叶，都具有很强的装饰形状或图案。

说明方法：举例子。

④ 用材：有色的琉璃砖瓦、油漆、木刻、石雕、砖雕等。

说明方法：举例子。

5. 课堂小结。

中国建筑的九大特征说明顺序，先介绍总体特征，介绍个别建筑构成、群体建筑构成。主写结构特征，次写装饰特征。结构特征从木材结构、斗拱、举折和举架方面介绍。装饰特征又从屋顶的装饰作用，颜色的选择——朱红、部件的装饰作用，材料的装饰作用方面介绍。作者按照先整体后局部的说明顺序进行说明。

◆ 环节三　比较鉴赏、合作探究

设置情境：播放中外经典建筑的视频，请同学们根据视频内容概括中外建筑的异同点。

学生预期回答：略。

教师提问：中外民族不同、文化不同，为什么这些建筑会有相同点呢？

学生答：因为各民族建筑之间具有“可译性”，各民族建筑的功用或主要性能是一致的，有相通性，但表现出来的形式却有很大不同，也就是说他们的风格和手法不一样。就像不同民族的语言，表达同一个意思，语言形式却不相同一样。

教师问：梁思成认为中国建筑的风格和手法是怎样的呢？

合作探究二：中国建筑的风格和手法

1. 怎样理解作者提出的“中国建筑的‘文法’”？

比喻的说法，借语言文字中“文法”的术语来说明中国建筑的风格和手法。

所谓“中国建筑的‘文法’”，是中国建筑几千年来形成并沿用的惯例法式，从建筑框架，到整体构成，从台基到屋顶，都有一定之规，有它的“拘束性”，但也有它的“灵活性”，体现在具体的建筑上，既表现出中国建筑的一贯风格，又具有独特的个性。

2. 文章中说的建筑的“词汇”又指的是什么？作者这样写的好处是什么？

“词汇”指的是建筑的材料，是构成一座或一组建筑必不可少的构件和因素。

这是比喻的说法，使得说明生动，让读者易于接受。本文用“文法”来比喻建筑的“规矩”，用“词汇”比喻建筑的材料，让人们用熟悉的文章组成来理解建筑中的各种法式和材料的使用。

3. 怎样理解作者提出的各民族建筑之间的“可译性”？

这也是以“语言和文学”为喻。各民族建筑的功用或主要性能是一致的，有相通性，但表现出来的形式却有很大不同，恰似不同民族的语言，表达同一个意思，语言形式却不相同一样。所谓的“可译性”，是指各民族建筑在实质上有“同一性质”，可以透过其纷繁多样的表现形式解读出来。

◆ **环节四　观摩感受、能力迁移**

设置情境：播放现代人重建传统建筑的过程或者等比例仿造的视频，让学生从认识的直观性层面了解建筑建造的过程，由细节而整体地真正体会到中国传统建筑所蕴含的魅力。

合作探究：学生小组合作，充分利用手边的材料，复制某个建筑或者建筑的某个部分，并撰写一份说明性文章。

作品展示：略。

【教学反思】

中国人民在漫长的历史过程中，以自己的勤劳和智慧，在建筑上创造了丰富的内容和多彩的形式，形成了一种独特的体系和风格。中华优秀传统文化情境体验教育是建立在认识的直观性以及情感和认知活动相互作用的科学原理基础上的。本课是一篇说明论文，内容并不复杂，由于行文的关系，中国建筑的九大特征概括起来很容易，但是对中国建筑的风格和手法很难理解到位，所以重点放在了把握“文法”和“词汇”的含义上，以及让学生更细致、更深刻地感受中国传统建筑之美，激发对我国古代悠久的建筑艺术的热爱之情。

亮点：在教学内容上，本课从学生熟悉的情境出发，播放他们身边具有特色的中国建筑的图片，在鉴赏和总结特点中，让学生迅速进入《中国建筑的特征》的学习情境。通过观赏、分析、鉴赏、实践等流程，让学生从知识、能力、情感、精神获得全面发展。

在学习方法上，学习知识和重视实践并重。纸上得来终觉浅，绝知此事要躬行。建筑不仅是一项艺术，更是一项技术，只有回归到技术层面，才能真正懂得中国传统建筑之美，在其间学习体验中华优秀传统文化。只有经过体验，学生才能够真正理解中国传统文化之美。

不足：本课不仅是一篇典范的说明论文，更是一篇优美的散文，受于时间的限制，对课文文本的鉴赏很少，比方说本文运用了许多精妙的比喻，应该要和学生一起认真分析的。在教学环节的衔接上不够流畅，如合作探究二，由对比中外建筑的特征引出对中国建筑的风格和文法的探讨，比较生硬，对学生的引导也不够。

不足的地方还有很多，要多学习、多向同行请教，努力让自己早日成为一位成熟的语文教师。

祝福声里隔世追凶

——“谁是凶手”系列之祥林嫂死亡事件

潘　丹

【基本课型】

新授课——《祝福》

【教学设计】

一、教学目标与核心素养

（一）教学目标

1. 精读文章，感受小说中祥林嫂的形象特征，理解欣赏小说的语言表达，把握本文的内涵，理解作者的创作意图。

2. 从语言、构思、形象、意蕴、情感等多个角度欣赏小说，获得审美体验，认识小说的美学价值，发现作者独特的艺术创作。

3. 结合本文，了解小说写作的一般规律。

（二）核心素养

语言建构与运用：了解欣赏小说的基本方法，在人物与社会环境共生、互动的关系中认识人物性格的形成和发展，关注作品的社会批判性。

思维发展与提升：了解小说如何运用多种艺术手法实现创作意图。丰富人生体验，提升对社会现实观察、分析、判断的能力。

审美鉴赏与创造：品味小说在形象、情节、语育等方面的独特魅力，欣赏小说不同的风格类型。激发想象，培养高尚的审美情趣。

文化传承与理解：领会作家对社会现实和人生世相的深刻洞察，拓宽视野，体会其对旧世界、丑恶事物的批判意识；学会观察社会生活，思考人生问题，增强对社会的认识。

二、教学目标确定的依据

（一）设计理念

《祝福》统编人教版高中语文（必修）下册的第六单元第12课，小说写的是一个质朴的农村妇女祥林嫂的悲剧一生，从而深刻地揭露了封建文化思想的流弊和荼毒。本单元属于“文学阅读与写作”学习任务群，人文主题是“观察与批判”，意在通过本单元的学习，领会作家对社会现实和人生世相的深刻洞察，拓宽视野，体会其对旧世界、丑恶事物的批判意识；学会观察社会生活，思考人生问题，增强对社会的认识；提升审美情趣和审美品位。本单元所选作品均是小说，通过虚构的人物形象与故事情节反映社会生活，描摹人情世态，表达对人生的思索。阅读这些小说，可以丰富人生体验，提升对社会现实观察、分析、判断的能力，激发想象，培养高尚的审美情趣。学习本单元，要注意知人论世，在人物与社会环境共生、互动的关系中认识人物性格的形成和发展，关注作品的社会批判性。要了解作者如何运用多种艺术手法实现创作意图，品味小说在形象、情节、语言等方面的独特魅力，欣赏小说不同的风格类型；学习用读书提要或读书笔记记录自己的阅读感受和见解，借鉴小说技法进行创作。

（二）教材分析

《祝福》是一篇传统课文，其深邃的思想，启迪、感染了一代又一代的中国人。从民族文化反省的角度阅读作品，我们深深感受到封建思想和伦理道德对人性的摧残是无以复加的，它牢牢捆绑着中华民族追求解放的手脚。封建的伦理，封建的道德，是套在我们民族身上的镣铐和锁链。中国妇女则是中国封建思想的最大受害者。鲁迅选择妇女题材，通过祥林嫂这一悲剧人物形象的刻画，深刻地揭露封建文化思想的毒害。鲁迅对封建文化的鞭挞，在迈向文明社会的今天，仍有其巨大的现实意义。小说《祝福》的教学应该立足于对小说文本的鉴赏解读上，要让学生进行个性化阅读，能够调动自己的生活经验和知识积累，在主动积极的思维和情感活动中，思考其中隐藏的社会现实因素，获得独特的感受和体验。

（三）学情分析

本篇课文的教学对象是高一年级的学生，在这节课前已经了解了文章的脉络和写作背景，对于本篇课文有了初步的感知。学生对于以前的课文还是能够进行分析的，但是体会鲁迅小说的深刻性对于学生来说是有一定困难的。基于此，我们这节课将会以祥林嫂之死因作为切入点，引导学生深入思考，体会鲁迅写作的深刻性，感受封建礼教对于那个时代妇女的残害，提高学生对于文本的思考和鉴赏能力。

三、教学重难点

教学重点：祥林嫂死因探究。

教学难点：把握主题——旧社会封建礼教下人性的变异是悲剧根源。

四、教学流程

◆ 环节一 情境导入

多媒体出示过年时阖家团圆庆祝的图片，播放鞭炮烟花声音，展现过年的喜庆氛围，引入课题“祝福”。“爆竹声声辞旧岁，烟花朵朵迎新春”。在这家家户户都在庆祝新年的时候，鲁镇的人们也迎来了一年一度的祝福大典，祭祀祖先，祈求好运。但是，在这喜庆祥和的气氛中，有一个人却走完了悲剧的一生，悄然死去，她就是祥林嫂。

◆ 环节二 知识讲授、重难探究

（一）整体感知——情节梳理

1. 多媒体出示祥林嫂初来鲁镇，二到鲁镇，临死前的画面，让学生对祥林嫂形象和悲剧命运有感性认识，快速串起祥林嫂的人生经历。

2. 在学生课前充分预习故事情节的基础上，给出关键词，请学生复述祥林嫂的命运，来理清小说情节。

（二）疑云丛生——谁是凶手

1. 创设疑案情境，布置侦破任务，学生合作自主探究祥林嫂死因。

情境设置：“《祝福》是人们最熟悉的鲁迅小说，但是，对于主人公祥林嫂的死因，近百年来读者却众说纷纭。”那么，祥林嫂到底是自杀，还是他杀？

（引导学生得出虽然是冻死或者饿死，但是又是被逼死的结论。）

谁是逼死祥林嫂的幕后真凶？今天要请大家一起来断断这起公案。

2. 小组合作探究。

（1）明确身份：侦探。

（2）嫌疑人名单：鲁四老爷、婆婆、柳妈、“我”。

（3）案件侦查：请侦探们锁定嫌疑人，从课文中找出线索，分析该嫌疑人的人物档案、犯罪动机和犯罪事实。

学法指导：

① 略读课文，筛选出相关人物描写部分，圈点勾画出蛛丝马迹；

② 小组讨论整理成几点案情分析（人物档案、犯罪动机、犯罪事实）；

③ 派代表发言，一个大组内可以互相补充，由于舆论高度关注，要求大家在十分钟内破案。

3. 学生自主分析（幻灯片展示相关文段和分析）。

（三）抽丝剥茧——真相大白

教师激疑：读者们对大家的破案结果认真讨论，发觉案情还有几点疑问。看来是当局者迷，旁观者清，请各位侦探放下自己负责的嫌疑人，锁定列表中其他嫌疑人，从课文相关词句里找出疑点。

（四）课后延伸——文学短评

情景任务：任选一个切入点，围绕《祝福》的表达技巧写作一篇300字左右的文学短评。

◆ 环节三　总结升华

造成祥林嫂悲剧的深层次原因也是鲁迅先生在小说集《彷徨》中苦苦思考的问题，祥林嫂是封建社会中的一个典型人物，鲁镇也是封建社会的缩影。鲁迅想唤醒的还是被封建礼教禁锢着的整个民族精神，让祥林嫂的悲剧不要再重演，让每个人都能真正幸福。

【教学反思】

《祝福》是高中教材中一篇很重要的小说，首先，在讲解这篇文章时要注意时代背景，由于时间久远，可能很多学生并不能设身处地的理解当时的社会背景，这就需要教师创设好良好的教学情境；其次，要具备文体意识，对于小说来说重要的是情节以及人物的塑造，不能想当然地去讲解，还要有边界感，对文章的解读要立足于课文和单元的要求；最后，合理利用好板书，对于重点内容需要通过板书进行强调。

亮点：本堂课采用了探究式教学法，利用“谁是凶手”剧本游戏为情景素材，自然地过渡到了课堂知识的学习中。老师作为“导演”，给予学生更大的舞台，学生能积极融入、参与到课堂活动中，并对课本进行深刻研读和挖掘，实现了新高考改革背景下的生本课堂。

不足：整堂课内容较满，一些环节不够精练，预设与生成的平衡落实还不够好。提升学生学科核心素养能力与加强渗透心理健康教育方面未能很好兼顾。

《琵琶行（并序）》课例

刘玲花

【基本课型】

新授课——《琵琶行（并序）》

【教学设计】

一、教学目标

1. 知人论世，对比分析琵琶女和作者的身世。

2. 掌握作者用比喻的手法描写音乐的高超技法。

3. 通过对人物命运的分析，解读作品的思想情感，理解诗人对于生命的思考。

二、教学目标确定的依据

本单元的学习目标即借助知人论世把握诗歌内涵，掌握作者运用比喻的表达技巧，以及认识古诗词的当代价值，提高思想修养和文化品味。再依据学生的基础水平一般的特点，所以将目标确定为通过知人论世，分析人物的身世特点；欣赏作者以语言文字再现音乐形象的艺术手法；解读作品的情感并理解诗人的生命思考。

三、教学重难点

重点：掌握作者用比喻的手法描写音乐的高超技法。

难点：感受“声中之情”，理解诗人对于生命的思考。

四、教学流程

◆ 环节一　情境导入

设置情境：我校高一年级拟定于11月份组织一次研修活动——浔阳之旅。通过浔阳之旅，探古文人之情。在研修之前，需要同学们对当地旅游文化有一定的了解。下面的一副对联为浔阳楼楹联：

枫叶四弦秋，枨触天涯迁谪恨

浔阳千尺水，勾留江上别离情

此对联为后人根据白居易的《琵琶行》所写，现在请同学们依据此对联完成以下三个学习任务：

1. 查阅资料，了解作者“迁谪恨”的具体内涵。

2. 思考琵琶女的乐声为什么会触动作者的“迁谪恨”?

3. 作者是如何描写音乐的?

◆ **环节二　知识讲授、重难探究**

（一）解读“迁谪恨”之内涵

（由学生查阅，结合课本小序部分整理出资料。）

白居易（772 年至 846 年），字乐天，号香山居士，伟大的现实主义诗人，著有《白氏长庆集》。白居易在文学上主张“文章合为时而著，歌诗合为事而作”，与元稹共同倡导" 新乐府运动"，世称“元白”。其诗风清新自然、通俗易懂。自幼聪慧、苦学文，有“兼济天下”“为民请命”的理想。曾任左拾遗，作谏官，46 岁上疏获罪，被贬为江州司马，其后升任忠州刺史、杭州太守等，官至刑部尚书。晚年政治热情减退，独善其身，少有佳作。

写作背景：元和十年（815 年）六月，唐朝藩镇势力派刺客在长安街头刺死了主张强势对抗藩镇的宰相武元衡，刺伤了御史中丞裴度，朝野大哗。

白居易上表主张严缉凶手，有“越职奏事”之嫌；而且，白居易平素多作讽喻诗，得罪了朝中权贵，于是被贬为江州司马。司马是刺史的助手，在中唐时期多专门安置“犯罪”官员，属于变相发配。

元和十一年秋天，白居易被贬江州司马已两年，在浔阳江头送别客人，偶遇一位年少因艺技红极一时、年老被人抛弃的歌女，心情抑郁，结合自己的遭遇，创作出了这首著名的《琵琶行》。

教师补充作者“迁谪恨”的缘由。

（二）解析“迁谪恨”之由

1. 通过叙事塑造了诗人和琵琶女两个人物形象，诗歌用哪两句诗将两个形象连接在一起的?

明确：同是天涯沦落人，相逢何必曾相识。

2. 诗人为什么会发出这样的叹息，白居易和琵琶女之间有什么共同的命运、遭遇？具体情况是怎样的？试做具体比较。

琵琶女：当年（京倡）　色艺双绝、技高貌美、青春年少、欢笑红颜

　　　　而今（商妇）　飘零憔悴、饱受冷落

诗人：　当年（京官）　京城作官、高官厚禄、位至谏言、名动京师

　　　　而今（谪官）　谪居九江、凄凉落魄

诗人与琵琶女比较：琵琶女自诉身世苦　　诗人自叹迁谪苦

本是京城女　　本是京城官

名满京都的艺人　　才华横溢的大文人

因年长色衰而嫁商人　　因直言进谏而被贬九江

（三）感受音乐与文字结合的魅力

1. 本诗描写了琵琶女弹奏的精妙的乐曲，请问在诗中琵琶女一共弹奏了几次？用文中的诗句回答听者的感受是什么？

明确：三次。

主人忘归客不发。

东船西舫悄无言，唯见江心秋月白。

满座重闻皆掩泣，江州司马青衫湿。

2. 着重赏析描写音乐的部分（东船西舫悄无言，唯见江心秋月白）。

（1）找出诗中描写音乐的诗句，并概括其描写的音乐的特点。

诗句	音乐特点
大弦嘈嘈如急雨	粗重深沉
小弦切切如私语	柔美细腻
大珠小珠落玉盘	圆润清脆
间关莺语花底滑	婉转流利
幽咽泉流冰下难	低沉抑郁
银瓶乍破水浆迸	激越响亮
铁骑突出刀枪鸣	雄壮气势

（2）作者在描写音乐的部分运用了什么手法？

明确：比喻。

（教师补充《月光曲》《李凭箜篌引》，这两篇文章同样用文字描述了音乐。）

（3）播放一段音乐，学生试着用文字来描述音乐（用修辞）。

（四）解密作者的生命感慨（查阅资料，结合白居易后期作品谈）

“诗人不幸，却是诗家之大幸”。

作者宦海浮沉，本为直言进谏，结局却惨遭贬谪，在政治上备受打击。诗人通过着力塑造琵琶女的形象，深刻反映封建社会中被侮辱、被损害的乐妓、艺人的悲惨遭

遇。而“同是天涯沦落人，相逢何必曾相识”则透露出诗人伤自己被损害、被抛弃的相同命运。

【教学反思】

本课例力求让学生对作者的情感感同身受，于是设置了一个更为贴近生活的情境，所有的任务都是在情境驱动下完成的。首先，从目标完成度来看，可算基本达标，也让学生的情感在熏陶中得到了升华。其次，不论是查找背景资料或是对比文中两个人物形象的相似性，都由学生自主完成，这也符合新课标以学生为主体的要求。虽然在实践的过程中会遇到许多的困难，但是主动去获取知识比被动接受知识要有效得多。

当然，此次课例也有许多有待改进的地方。一是设置的情境还不够成熟，如果能够让情景不止生发任务，还能指导生活实际，相信能让学生更加有兴趣。二是在让学生学写音乐的部分，本为亮点，但开始得突然，结束得仓促，学生并不能真正将所学运用于实际。后续这些问题都有待不断改进。

《烛之武退秦师》课例

万　敏

【基本课型】

新授课——《烛之武退秦师》

【教学设计】

一、教学目标

1. 理解和掌握文言文中常见文言实词、虚词的含义和用法；培养学生阅读和理解文言文的能力。

2. 学习本文精彩的人物语言——说理透辟、善于辞令，以及起伏跌宕、生动活泼的情节。

3. 学习古人国难当头，不计个人得失，顾全大局的爱国主义精神。

二、教学目标确定的依据

1. 课程标准与核心素养要求：根据课程目标，语言的建构与运用，需要加强基础语言知识的积累、梳理与整合，文言文学习不可以忽略文言知识的梳理与积累。学科核心素养要求贯彻立德树人理念，弘扬民族精神，融入社会主义核心价值观教育，培养热爱中华文明、热爱祖国、热爱人民、热爱中国共产党的社会主义建设者与接班人。文中烛之武明大义、顾大局的精神是培养学生责任感、使命感的很好题材。

2. 教材内容要求：本单元的学习目标是在理解文意的基础上整体把握经典选篇的思想内涵，认识其文化价值，思考其现代意义。本文的核心部分是烛之武游说秦穆公的外交辞令，揣摩研读烛之武辞令，体悟人物精神、语言艺术、叙事技巧是本课学习的重点。

3. 从学情方面来看，学生已经有了一定的文言文阅读经历，但是对于文言文的阅读始终感觉“太难”，文言文阅读能力提升是必然。

三、教学重难点

重点：理解和掌握文言文中常见文言实词、虚词的含义和用法。

难点：本文详略得当、波澜起伏、善于运用伏笔和照应的写作技巧。

四、教学流程

◆ 环节一　激趣导入

创设情境：外交是一个国家立足复杂国际形势的重要表现。在你的认知里，一个外交官应该具备哪些特点？

预设：在学生的讨论中基本上都是以近当代尤其是近两年来中国外交天团快言快语、霸气威严为主要意见，这些都是源于他们的认知。

情境延伸：然而，几千年前的郑国有这么个人，他只是一个养马官，年过七十，须发尽白，身子伛偻，步履蹒跚。他奉命出使秦国，赢得后人对他“一言之辩，重于九鼎之宝；三寸之舌，强于百万之师”的美誉。（导入课题）

◆ 环节二　探究学习

（1）给下列画横线的字注音，并理解含义。

氾南（　）	共其乏困（　）	微夫人之力（　）
若不阙秦（　）	秦伯说（　）	失其所与，不知（　）

（2）读清句子，读懂内容。

① 找出每段的中心句。

第一段：晋侯、秦伯围郑。　　第二段：国危矣，许之。

第三段：秦伯说，与郑人盟。　　第四段：亦去之。

② 请用自己的话概括故事的主要内容。

（一）探究一：如此一个“弼马温”为什么出使秦国？

请阅读文章第一、第二段，用自己的话回答。要求圈注重点词句，领略烛之武临危受命、顾全大局的爱国情怀。

重点词句理解：（1）且贰于楚也。

（2）晋军氾南。

（3）是寡人之过也。

（二）探究二：烛之武是如何说退秦师的？

1. 创设体验情境一：请仔细观察课本提供的《春秋列国形势简图》，如果你和你的同桌分别是当年的烛之武和秦伯，围绕“退师”与否这件事情，你们将进行一番怎样的对话？请同桌间以你自己的思维进行对话并表演展示。

2. 齐读课文第三段，分析烛之武说辞的层次结构，感受烛之武说辞以退为进、逐步深入、步步紧逼、转移矛盾的技巧，完成对文本主体部分的研读。

烛之武说辞思路：

亡郑越国以鄙远	亡郑以陪邻
↓	
舍郑扶郑	行李之往来　共其乏困
↓	
离间	（晋）朝济而夕设版焉　夫晋，何厌之有
↓	
推测未来	唯君图之

教师概括说辞思路与特点：说辞仅 125 个字，却不卑不亢，既不刺激对方，又不失本国尊严地道出了秦、晋联盟的虚伪，亡郑对秦的不利，晋国的贪得无厌和背信弃义，委婉曲折，面面俱到，步步深入主题，句句打动对方，不愧是一段非常漂亮的外交辞令。

3. 创设体验情境二：请同学们根据对文本内容的理解，与同桌之间再次扮演烛之武和秦王进行文本对话。要求注意语气、语调，以及表情的表达。

（三）探究三：烛之武说退秦师后，晋国有什么举动？

要求完成对文章最后一段的研读，关注重点字词。思考：你从晋文公的“不仁”“不知”“不武”之言，读到了《左传》的什么思想？秦先与晋联合围郑，后又“与郑人盟”，秦的行为符合这个思想吗？

◆ 环节三　归纳总结，延伸教育效能

1. 朗读全文，再次领略烛之武精神、辞令技巧、叙事技巧。

2. 播放近两年我国外交天团与美国对华的视频，感受气氛，引导学生树立正确的价值观、人生观，培养其社会责任感与使命感。

【教学反思】

《烛之武退秦师》是人教版语文必修下册第一单元的第二篇课文，选自《左传》。本单元的学习目标是在理解文意的基础上整体把握经典选篇的思想内涵，认识其文化价值，思考其现代意义。

具体到本课的学习，进行了三个主体任务的设计：一是对文中重点字、词、句的梳理与文言现象的分析，这个任务的达成贯穿在整个教学过程中；二是对烛之武辞令的重点研读，通过研读辞令，感悟烛之武的外交智慧；三是领略人物精神、《左传》思想与叙事技巧。三个任务的设计，意在落实课程标准和学科核心素养。

本课以“情境-探究式”课堂模式进行设计。课堂开始从与学生认知构成反差的角度设置情境导入课堂，激发学生学习探究的兴趣。在探究的过程中，设置两个活动来进行主体段落的学习，落实课堂教学目标1和目标2，在实施过程中，学生积极主动，课堂氛围活跃。探究三是针对教学目标3设计，在这个任务的完成过程中，明显感觉学生虽然有一定的思辨与语言表达能力，但是比较薄弱，需要老师更多启发性的指导，在以后的教学中，要注意这方面能力的培养。

“情境-探究式”课堂教学

——直击心灵的诗篇《氓》

彭跃凤

【基本课型】

新授课——《氓》

【教学设计】

一、教学目标

1. 了解《诗经》的文学常识。

2. 把握《氓》的情节和主题，理解人物形象，分析悲剧原因。

3. 了解主旨以及人生意义。

4. 背诵全诗。

二、教学目标确定的依据

《氓》以一个女子的口吻讲述自己从恋爱、结婚到被抛弃的过程，展示了她从情意绵绵到悲伤无助，再到激愤决绝的心路历程，将叙事与抒情巧妙地结合起来。诵读时，要仔细体会女主人公心理的前后变化，感受诗歌“怨而不怒，哀而不伤”的抒情特征。

三、教学重难点

把握《氓》的情节和主题，理解人物形象。

四、教学流程

◆ 环节一　情境导入

设置情境：在人类永恒的感情世界里，爱情是一个说不尽的话题。“为伊消得人憔悴，衣带渐宽终不悔”“两情若是久长时，又岂在朝朝暮暮”“郎骑竹马来，绕床弄青梅”。可是爱情都是美好的吗？

学生：不是的，爱情虽然让人沉醉，但是也会带来苦恼，比如《诗经》里面就有诗歌说爱情不好的。

老师：那我们今天就走进《诗经》里面的《氓》，一起去探索其中的缘由。

◆ **环节二　知识讲授、重难探究**

（一）探本溯源，回顾《诗经》

设置情境：回顾我们之前所学的诗歌，你了解《诗经》吗？

学生：《诗经》有六艺，分别是风、雅、颂、赋、比、兴。

（二）吟诵诗歌，读文梳理

设置情境：诗歌以吟诵悟情感，我们边读边悟，圈出和女主人公情感有关的字词。

老师：读的整齐且声音洪亮，但却没有情感的起伏，那么我们思考《氓》是一首叙事诗，全诗是按照怎样的线索来叙述故事的？

学生：是按照恋爱、婚变、决绝的线索来叙述故事的。

老师：你能说说每段叙述的内容吗？下面请同学们来完成表格，帮助我们归纳总结。

1. 男子称呼悟情感变化

称呼	文中具体体现	女子心情
子	将子无怒，秋以为期	喜悦甜蜜
尔	尔卜尔筮，体无咎言。以尔车来，以我贿迁	
士	士之耽兮，犹可脱也。女之耽兮，不可脱也	悲伤怨愤
其	女也不爽，士贰其行。士也罔极，二三其德	
	信誓旦旦，不思其反。反是不思，亦已焉哉	冷静理性

2.“淇水”意象悟情感变化

情节	三渡淇水	联想水的形态	女子的情感	用意
恋爱	送子涉淇，至于顿丘	缓缓流淌，潺潺澄澈	轻柔甜蜜，幸福欢乐	三处写到淇水，给读者提示了女主人公的情感发展的轨迹，也有借景抒情与说理的意思。淇水是女子这段不幸婚姻的见证
婚变	淇水汤汤，渐车帷裳	上下翻滚，汹涌澎湃	心酸悲愤，凄凄无助	
决绝	淇则有岸，隰则有泮	冷寂宽广，冰河呜咽	清醒理性，释然决绝	

（三）品读诗句，读出妙义

设置情境：爱情中的苦恼如影随形，我们的男女主人公在爱情的长河中不断穿梭，下面，我们以仿照的方式找他们两人的身影。

从“　　”中读出一个“　　”的男子

从“　　”中读出一个“　　”的女子

<table>
<tr><th colspan="2">氓（男子）</th><th colspan="2">女子</th></tr>
<tr><td>氓之蚩蚩，抱布贸丝</td><td>憨厚老实</td><td rowspan="2">不见复关，泣涕涟涟。
既见复关，载笑载言。
桑之未落，其叶沃若</td><td rowspan="2">热情纯真
年轻貌美</td></tr>
<tr><td rowspan="2">女也不爽，士贰其行。
士也罔极，二三其德。
言既遂矣，至于暴矣</td><td rowspan="2">自私变心</td></tr>
<tr><td>桑之落矣，其黄而陨。
三岁为妇，靡室劳矣。
夙兴夜寐，靡有朝矣</td><td>容颜衰老
勤劳蒙辱</td></tr>
<tr><td>反是不思</td><td>冷酷无情</td><td>亦已焉哉</td><td>毅然坚决</td></tr>
<tr><td colspan="2">“氓”是一个看似忠厚老实，实则暴躁无情、自私自利的负心汉</td><td colspan="2">女主人公是一个善良、真诚、勤劳、坚强、清醒刚烈的劳动妇女</td></tr>
</table>

（四）个性讨论，追寻归途

设置情境：命运的轮盘在转动，仿佛有一双看不见的“手”在操控，是谁偷走了他的爱情？

老师：同学们的想法非常有立场，从主观上来说，确实如此，原因有三：①“士”之变心说（男子本质上是一个伪君子）。② 年老色衰说（难有一世倾城之貌）。③ 女主人公失去自我（用感性代替理性）。社会制度造成男女不平等的婚姻，又因为在封建社会喜欢包办婚姻，男女主人公偏要冲破礼制私订终身，这些都使得他们的爱情走向悲剧。

老师：《氓》是一首弃妇自诉婚姻悲剧的诗歌。诗中的女主人公以无比沉痛的口气，回忆了恋爱生活的甜蜜，以及婚后被丈夫虐待和遗弃的痛苦，表达了悔恨的心情与决绝的态度，深刻反映了古代社会妇女在恋爱婚姻问题上遭受的欺骗与摧残，承受的煎熬与痛苦。这告诉我们更要理智地看待爱情，不要沉迷其中。

（五）涵咏诗歌，青春爱情

设置情境：此时的你们正是青春的时期，今天学习了这首诗你有哪些启发？

【教学反思】

每一次的学习都是对自己的一次突破，就像蚕蛹破茧才能成蝶一样，要不断锻炼自己，不断以进步鼓励自己。我们有以下几点反思。

亮点：① 备课全方位，《氓》此篇诗歌是非常熟悉的作品，所以在备教材的时候，思维进行了拓展，桑叶成为代表性标签，很难突破，而此次特意寻找到“淇水”这一意象，同时还找到诗中男子称呼变化，给学生耳目一新的感觉，快速进入课堂。② 爱情的引导，提前备好学情，高二学生正处于青春期，虽然《氓》是一首弃妇诗，但是爱情是美好的，要树立正确的价值观，让学生正确看待爱情，期待积极向上的爱情。教学设计中《致橡树》的分享可以帮助学生认识到另一面的爱情，也是引导青少年健康成长。

不足：① 诵读要经典，在读的环节中，虽然设计了第一次读后梳理情感，第二次又读出妙义，这两次的读没有变化，情感平淡，没有体会，应及时提示，指出读中体现情感变化，同时也说明教师还需要提高教学能力素养，夯实教师技能。② 比兴手法是重点，赏析诗歌手法是重中之重，要讲解透彻，而在课堂上避开了这一点，基本没有提及，也就造成了重点不突出。应在讲解人物形象环节渗透手法分析，要在有效的环节中涉及手法的讲解和相关突破，为高考巩固答题能力素养。

一曲凄凉哀婉的生命绝唱

——《声声慢》“情境-探究式”学习课例

龙新花

【基本课型】

新授课——《声声慢》

【教学设计】

一、教学目标

1. 涵咏诵读，品味词作的语言和意象，以意逆志，分析词作中蕴含的愁苦之情。

2. 学习鉴赏古诗词的方法，提高审美鉴赏能力。

3. 知人论世，了解李清照的人生际遇对其诗词创作的影响。

二、教学目标确定的依据

（一）教材分析

1. 李清照的《声声慢》被安排在部编版高中语文教材必修上册的第三单元第九课。第九课一共包含三首词，分别是苏轼的《念奴娇·赤壁怀古》、辛弃疾的《永遇乐·京口北固亭怀古》、李清照的《声声慢》。

2. 优美的古诗词源远流长，绽放在中华儿女代代相传的文化基因中。第三单元的单元目标要求引导学生去体味、揣摩古人丰富的情感，领略古人深邃的思想，从而加强学生对社会的思考，增强对现实人生的感悟，认识到古诗词的当代价值，激发学生对优秀传统文化的信心和热情。

（二）学情分析

在学习这首词之前，学生已经学过了第一单元的现代诗歌和第三单元的其他古诗，已经积累了一些诗歌鉴赏的经验，对于如何入手去鉴赏一首诗歌也有了初步的掌握。再者，学生在初中阶段也接触过李清照的其他诗词作品，对她的人生际遇曾经大致了解过。因此，在老师的引导下，大部分学生基本可以完成这首词的学习任务。

三、教学重难点

重点：品味词作的语言和意象，以意逆志，分析词作中蕴含的愁苦之情。

难点：知人论世，了解李清照的人生际遇对其诗词创作的影响。

四、教学流程

◆ 环节一　情境导入

设置情境：小华报名了10月份校园古风歌曲大赛，他选择了近期爆火的古风歌曲——《声声慢》，可是在练习的时候遇到了难题。由于没有厘清《声声慢》所蕴含的情感，在唱到“泪滴声声，无人倾听，命里注定何用怨宿命；寂寞声声，梧桐不应，梦里有梦谁梦里倾听”总感觉差点什么。请同学们帮忙，回归李清照的《声声慢》，帮助小华找到词作中所蕴含的愁苦之情，找到演唱该歌曲的感觉。

◆ 环节二　知识讲授、重难探究

（一）初感愁心

教师引导：词的声韵、节奏、句式对传情达意有着独特的作用。朗诵是感受诗词情感最直接的方式，下面我们先听名家朗诵，大家边听边感悟词人的情感，并标记出词眼。

学生预期回答：名家的朗诵让我感觉非常的哀伤。

教师的总结：《声声慢》这首词整个的感情基调是感伤低沉。在朗读的时候速度要缓慢，注意压住韵脚，读准关键词的轻重缓急。下面，请同学们按照这样的要求齐读《声声慢》，初步体悟李清照的情感。

（二）研读愁情

教师引导：本词中哪一个字直接说出了作者的情感，也就是词眼是哪一个字？

学生预期回答：愁。

那我们一起深入探究文本，去品味《声声慢》，看李清照是如何抒发她的愁绪的。

1. 意象渲染出的凄凉和悲情

正所谓“一切景语皆情语”，在学第一单元时我们就接触过诗歌中被诗人主观情感所包裹的景物我们称之为“意象”，那么作者用了哪些意象来表达情感呢？请大家交流合作，完成以下表格的填写。

诗句	意象	特点	情感

归纳总结：

诗句	意象	特点	情感
三杯两盏淡酒，怎敌他晚来风急	淡酒，急风	酒—愁；淡酒—浓愁；风—萧瑟	沉浸愁绪之中
雁过也，正伤心，却是旧时相识	过雁	雁—书信，相思；旧时雁	对旧时人、地、生活的思念
梧桐更兼细雨，到黄昏点点滴滴	梧桐、细雨、黄昏	梧桐—爱情；细雨—绵长；黄昏—落寞	绵长、无处盛放的愁绪
满地黄花堆积，憔悴损，如今有谁堪摘	黄花	黄花：凋零，憔悴	自喻，如花般残败无生气的暮年

2. 直抒胸臆发出半生孤独的慨叹

教师：词人除了借助意象来表情达意外，还有直接抒情的句子，请找相关诗句。

3. 叠词折射出的空虚和寂寞

寻寻觅觅，冷冷清清，凄凄惨惨戚戚。

教师：宋代罗大经曾云："近时李易安词云：'寻寻觅觅，冷冷清清，凄凄惨惨戚戚。'起头连叠七字。以一妇人，乃能创意出奇如此。"请同学们探讨这七个字的出奇创意之处在哪里？它们是如何将词人的情感一层一层推进加深的？

这三句，由内而外、由浅入深地道出了李清照心中孤苦无依的凄凉心境，同时给全诗笼罩上了悲戚的氛感。除此外，叠词的使用加深了词作的音韵美。

（三）分析愁因

老师：李清照面对着此情此景，不仅发出感慨"这次第，怎一个愁字了得?"。那么作者内心深处到底因何生愁？歌词里唱到的"命里注定何用怨宿命"，到底命运给李清照带来的是什么？请同学分享自己整理的李清照人生大事记。

展示学生作业。抓住重要的关键时间点：1101年至1126年，与赵明诚融洽欢欣的婚姻；1127年，北宋灭亡；1129年，赵明诚逝世；1131年，南渡，重病缠身，几乎丧命；1155年，孑然一身，悲苦离世。

总结愁的内涵：亡国之恨、丧夫之痛、漂泊之苦、独居之悲。

强调南宋这一特殊的历史时期，对所有该时期词人创作的影响。

（四）概括诗歌鉴赏方法

学生两组发言后明确：

1. 读标题。(诗歌标题富含诸多信息：时间、地点、事件、诗歌类型、创作缘由、作者情感、作品主旨等)

2. 知作者。（知人——了解诗人的生活经历、思想性格、风格流派；论世——弄清诗歌创作的时代背景）

3. 看注释。（或介绍题目内容，或介绍作者和相关背景，或提示与诗歌内容相关的关键信息）

4. 品意象。（读懂诗歌的重要途径）

5. 悟情语。（诗歌中直接或间接表达作者情感的关键词语，特别注意诗眼、词眼）

6. 抓尾句。（古人往往采用卒章显志的方法）

（五）课堂小结

一枝一叶总关情。一场秋风、一滴细雨、一声雁叫、一朵落花，李清照用明白如话的语言委婉含蓄阐述了她挥不去、化不开、盛不下、驱不散的凄凉落寞。经过初读、研读、研究，我们切切实实感受到了李清照无法用一个“愁”字概括的情感，无怪乎有人评价李清照的《声声慢》是一曲凄凉哀婉的生命绝唱。相比经过我们解读，一定帮助到了小华同学对《声声慢》情感的把握。

【教学反思】

本节课的内容含量适中，品意象语言、悟情感、析原因、总结方法。教学环节的设计紧扣文本，从诗歌本身出发，去引导学生合作探究，完成课堂的学习。就整堂课而言，算是比较完整的一堂课。

教师要注重培养学生的独立性和自主性，引导学生质疑、调查、探究，在实践中学习，促进学生在教师的指导下主动地、富有个性地学习。本堂课设计的两个活动，一是学生合作完成探究意象表格的填写；二是独自整理归纳李清照的生命大事记，比较切合课标的要求。但是在课堂中，展示的是学生的优秀作业和符合课堂教学需要的作业，还有部分学生反映出来的问题，如书写、思维、知识积累等都还要花时间去解决。

根据“情境化”这一设计主题，我们只在导入和结尾的时候点到了关于《声声慢》歌曲情感把握不透的这个情境，在中间主要的教学环节的设计中都没有涉及，有为了情境教学而设计情境的感觉，应该还可以多想想，让情境教学更多、更好地不动声色地融入教学中。同时课堂的不足点还体现在：一是课堂衔接过渡语言使用的不优美，造成环节过渡生硬；二是有时着急指导学生引出课件上要展示的内容，反而限制了学生的思维，降低了课堂的生成性。

道阻且长，行则将至。教学与教研是一个让人不断学习和成长的过程，要多思考，多学习，不断进步。

《百合花》课例

喻惠芳

【基本课型】

新授课——《百合花》

【教学设计】

一、教学目标

1. 语言建构与运用：梳理情节，整体感知课文内容；学习从小处着眼，以小见大的取材方式；体会文中善于通过细节描写展现人物内心世界的方法。

2. 思维发展与提升：分析作品中三个主要人物的性格特征和具体表现，理解细节在本文中的作用；运用对比思维探究文章主旨。

3. 审美鉴赏与创造：探索这篇战争题材的短篇小说的美学技巧；跟随人物关系戏剧性的变化，走进那些可敬可爱的年轻人，感受战火中别样的青春。

4. 文化传承与理解体会：感受革命战争年代，军民之间的鱼水深情；体会解放战争胜利的基础和力量源泉；激励学生，走向有担当、有价值的理想人生。

二、教学目标确定的依据

（一）内容分析

《百合花》属于部编版高中语文必修上第一单元的第三课。本单元的话题是“青春的价值”，单元学习要求中提到学生能够“把握小说叙事和抒情的特点”“学习从语言、形象、情感等不同角度欣赏作品，获得审美体验”。《百合花》作为当代文学史上的一篇经典短篇小说，突破了当时以宏大叙事为主的文学格局，取材于战争生活而不写战争场面，涉及重大题材而不写重大事件，它以女性的视角通过战争语境下的人的生存状态、情感关系表达了作者对爱的理解，对人性美、人情美的追求。作者通过细腻入微的细节描写，刻画了生动鲜活的“通讯员”“新媳妇”人物形象，以清新自然的笔调抒写、赞美了人与人之间纯洁真挚的感情。

（二）学情分析

升入高一的学生在初中阶段已经学习过一些经典小说篇目，对小说并不陌生。但是学生在阅读中关注的更多的是小说的故事情节，对小说叙事写人的理解还比较浅显。尤其是社会的浮躁气氛、快餐式阅读的流行，让学生在阅读小说时很难沉下心去，深入文本之中，进行深层次的探索。所以需要教师启发、引导、点拨，搭建起教材和学生之间的桥梁，引导学生深入探讨小说塑造人物形象、表达情感主题等方面的可圈可点之处，学会鉴赏小说的基本方法。

以往的学生对于本篇小说的人物形象尚有一定的分析能力，但是基于部分学生的生活环境、人生经历来说，体会茹志鹃小说的独特性有一定困难。但是，这篇小说在当时引起不小的轰动却恰恰是因为它的独特性。

基于以上的经验，我将整篇文章的重点定位于小说对于人性、战争、英雄的独特诠释上，并以此为契机引起学生的共鸣，使其能够从人物身上体会到普通人的淳朴善良以及时代意义。

三、教学重点难点

重点：分析人物形象，理解百合花的象征意义。

难点：对这场战争性质的理解；战争题材的审美体验。

四、教学流程

◆ 环节一　情境导入

设置情境：在班班通上播放一副动图：一位 89 岁的老奶奶因看到消防官兵在抗洪时脚上磨的泡而心疼落泪，于是，亲手为他们缝制了 100 多双鞋垫以表关心和爱护。

教师提问：请同学们看到这里的一幅动图，哪位同学能够结合图片信息用自己的话为大家讲述一下这个故事？

学生预期回答：一位 89 岁的老奶奶因看到消防官兵在抗洪时脚上磨了水泡而心疼落泪，于是，亲手为他们缝制了 100 多双鞋垫以表关心和支持，体现了军民鱼水情、军民情深。

教师总述：暑假山西发生洪灾时我看到这则新闻很受感动，所以印象格外深刻，而我们今天的故事和这则新闻所发生的事非常相似。只不过，在今天的故事中，“100 双鞋垫”变成了“百合花被”，被送的对象变成了“小通讯员”，那位老人在当时还是一个刚出阁的新媳妇。那么围绕“百合花被”“小通讯员”和“新媳妇”到底发生了怎样的感人故事，让我们一起走进茹志鹃的《百合花》。

◆ **环节二 知识讲授、重难探究**

（一）初读课文，整体感知

问：文章围绕主要人物讲述了哪几件事？

老师介绍背景：《百合花》是一篇具有独特风格的战争小说，它是茹志鹃写于 1958 年的在当时一度引起轰动的经典小说。茅盾曾给予该小说高度评价，说它是“最近读的几十篇短篇小说中最为满意的一篇”，无论是情节，人物还是环境，在这篇文章中都有非常形象生动的描写。

学生预设回答：围绕主要人物写了四件事：小通讯员带“我”去前沿包扎所；“我”和小通讯员借被子；小通讯员为保护担架队员英勇捐躯；新媳妇献被。

（二）再读课文，探究重点

1. 通过分析找出文章细节描写之处。

四处细节：一支步枪、两个馒头、三次写到“百合花被”、四次写到“破洞”。

2. 通过正面描写、侧面描写来分析小通讯员丰富的形象特征。

他朴实、充满活力、富有朝气，他年轻稚气、憨厚质朴，他腼腆羞涩、不善言辞，他坦率善良，他勇敢坚定、勇于牺牲，充满着青春美、生命美，洋溢着人情美、人性美。

（三）难点分析，探究主题

1. 第 57 段最后的省略号省略了什么？体会其中的深意。新媳妇在为牺牲了的小通讯员缝衣及盖被时想些什么？

学生回答：略

2. 小通讯员是不是英雄？

学生回答：略

教师分析：从文章中我们感受到了军民鱼水情深，也知道了英雄不一定要很有名，也有许多无名英雄。解放初期战争题材小说有两个特点：一是展现宏大激烈的战争场面；二是善于塑造高大的英雄形象。《百合花》关照到了无名英雄。

3. 结语。

亲爱的同学们，历史长河中有太多英雄值得我们去铭记，有的我们知道他的名字，有的当别人说起来我们却闻所未闻，茹志鹃以她的方式去铭记这些英雄，那我们该怎样做呢？我们要做的不仅是铭记，更重要的是传承，当历史使命和祖国未来的接力棒传递到我们手中，我们应将革命先烈包括无数无名英雄的精神传承下来。有朝一日，我们在座的各位将奔向祖国山河的角角落落，未必要血战沙场，未必要舍生忘死，我们只要能够以己之力发一分光、散一分热，然后拍着胸脯、底气十足地告慰先烈：这盛世，如您所愿！

◆ 环节三　迁移练习

阅读文段，回答问题。

最美是百合

那是许多年以前的事情了。曾有一段日子，我和妻子的生活陷入了困境。那时，我的工资收入只有七十二元，妻子没有工作，且已怀孕八个月。

在朋友们的帮助下，我们开了一个小书店，还请了一个帮工。她叫阿纯，在一所中专读书。此时，她正好放假，主动要来帮忙，而且执意不要工钱，只想借此机会多读一点书。妻子说，暂时不拿工钱也行，搬过来和我们一起吃住，多少可以节省一点。阿纯想了想，点头答应了。

阿纯是一个爱笑的女孩，我和妻子都怀疑她的嗓子眼儿里是不是挂了铜铃？

阿纯爱和妻子背着我说悄悄话。其实，她们的悄悄话大多也只是谈论女人的化妆、穿戴，并没有什么秘密。阿纯总对妻子说："商店里有一种百合花布，你用来做连衣裙一定很好看。"妻子看着一天比一天大的肚子，笑着摇摇头。阿纯说："等生完宝宝再穿嘛！"阿纯用很美丽的语言形容那些比她的语言还美丽的百合花。她说："不信你去看一看。"

经不住阿纯的一再诱惑，妻子挺着大肚子去商店了。她看到了那种布，淡黄的布面上那高雅洁白的百合花，使她怦然心动。她在柜台前站了许久，但她的手并没有伸进口袋。她低下头，匆匆地离开商店，一言不发地回家了。

整个下午，妻子也不多说话。阿纯好像自己犯了什么错误，不知怎么安慰要了才好。做身衣服需要的布料价钱，等同了我们一个月的生活费，妻子的选择再简单不过了。妻子说："也有更好的呢，等孩了生下来再说吧。"阿纯看看我，轻轻地转过头去。

小书店的生意还不错，因为小店附近有两所学校和一个工程局，来租书看的人还真个少，收入最多的一天，小小的钱盒里装了十七元钱。一个月的时间过去了，阿纯要回学校上课，妻子也要临产，小书店刚撑起门面，就面临停业了。

经过盘点，这一个月，我们竟收入了一百八十二元钱！我和妻子坚持拿出九十一元钱给阿纯，算她的工钱。阿纯推辞再三，收下了。她小心地把钱装进一个信封，又把信封夹在书里，然后把书放到书包的最里层。

转眼二十多天过去了，妻子住进了妇产医院。

有一天，我回家取东西，门卫室的大爷交给我一个小包袱，说是一个女孩送来给我妻子的。妻子打开小包袱，里面是那块美丽的百合花布和一个小手铃。阿纯在信里说："大姐，我要去秦皇岛基地实习了，这块百合花布是我用自己的'工钱'买来的，送给你，希望你收下。天空灰暗的时候，没有人会发现百合花的美丽，但阳光一出来，满坡的百合花最鲜艳！祝你生一个健康的、又白又胖的宝宝"！

妻子坐在那儿，眼泪一滴一滴地渗入那叠得十分整齐的花布里。

（选自漓江出版社出版的《中国当代微型小说排行榜》，文字有删改）

1. 下面对文章理解分析错误的一项是：(C)

A. 小说选材精当，篇幅短小，结构紧凑。

B. 小说虽然没有波澜起伏的情节，但主题鲜明，能引起读者共鸣。

C. 小说主要通过语言描写、动作描写和自然环境描写烘托人物性格。

D. 小说主人公阿纯具有积极的现实意义。

2. 在你眼里阿纯是怎样的一个人？请概括阿纯的性格特征。

【教学反思】

在课堂教学过程中，学生既能够独立思考也能够参与到讨论气氛中。课堂中学生的发言次数多达二十余人次，针对同一问题有着不同的见解。依据情境设计问题是语文老师在上课前要做的主要工作，可以说，问题设计的质量直接影响到课堂的质量。传统的上课模式一般为老师事先设计好课文的相关问题，然后在课堂上适时地提出让学生来回答。这样的事先设计有它先天的优势：教师能很好地在理解全文的基础上把握课文的重难点，也能更好地驾驭课堂并按照计划很好地达成教学目标。这样的课堂预设自有其合理性和成效性。因此，本节课尽可能将对于理解很关键的问题呈现出来，比如"你喜欢小通讯员吗？喜欢他什么？"以此完成对小通讯员形象的全面理解；又如"第 57 段结尾的省略号有什么意蕴？"以此让学生理解茹志鹃通过独特的方式诠释战争的残酷；再如"小通讯员可以称得上是英雄吗？"以此来引导学生了解作家无意塑造高大的完美英雄而着意对无名英雄的关照。但它也存在一定的弊端，比如它在很大程度上依赖的是教师对课文的理解而设计的问题。很多时候它不能关照甚至完全忽略了学生对课文存在的疑惑，即出现了教师和学生问题的"不对称性"现象。通俗地讲，教师设计的问题学生可能完全不感兴趣，而学生想要解答的问题教师却从未提及。为此，这是接下来我要深入探索的一个问题。

最后，对本次教学实践中的一些问题加以总结，遗憾还是有的。文章中某些细节的处理还略微粗糙，如有些生动的描写，正恰到好处的表现作者的感情，但课堂上细细品味不够，教学时各个环节的连接还有些牵强。今后一定会深刻反思，多向前辈们学习，不断进步！

《导数的概念》课例

曹　龙

【基本课型】

新授课——《导数的概念》

【教学设计】

一、教学目标

1. 知识目标

（1）理解导数的概念。

（2）会运用导数定义式求函数在 x_0 处的导数值。

2. 能力目标

（1）培养学生归纳推理能力。

（2）发展学生数学抽象、数学建模的核心素养。

3. 情感目标

（1）利用动态几何画板，激发学生的学习热情，培养学生的学习兴趣。

（2）让学生感受到数学来源于生活、服务于生活。

二、教学目标确定的依据

（一）内容分析

本节内容是高二学生学习的《一元函数的导数及其应用》中的一小节导数的概念。为了描述现实世界中的运动、变化现象，在数学中引入了函数。刻画静态现象的数与刻画动态现象的函数，都是数学中非常重要的概念。导数是微积分的重要部分，在天文地理、物理工程等方面有着广泛的应用。我们将通过丰富的实际背景和具体实例，学习导数的概念；在学习切线的斜率与瞬时速度的基础上，引出导数的概念，接着介绍导数的几何意义，后续研究利用导数研究函数的性质，本节内容在教材中具有承上启下的作用。

（二）学情分析

本节内容是高二学生学习的《导数的概念》内容，在之前必修一的学习中，学生研究了函数的单调性，并利用函数单调性等知识定性地研究了一次函数、指数函数、对数函数增长速度的差异，知道“对数增长”是越来越慢的，“指数爆炸”比“直线上升”快得多；在《选择性必修第一册》中，学习了直线的斜率；在物理中学习了物体的运动速度；在前面的学习中，了解了函数的极限；学生具有一定归纳能力、概括能力、类比能力和抽象思维能力。但由于农村普通高中学生基础相对薄弱，根据学生掌握知识的实际情况，将《5.1.2 导数的概念及其几何意义》一章以第 66 页练习为界拆解为《导数的概念》与《导数的几何意义》这两课，同时为加强对瞬时变化率的理解，本节新课内容将瞬时变化率和导数概念设置为一课时。我们将通过丰富的实际背景和具体情境，学习导数的概念，通过具体实例感受导数在研究函数和解决实际问题中的作用。

三、教学重难点

重点：1. 理解导数的概念；

2. 会运用导数的定义求解函数在 x_0 处的导数值。

难点：导数概念的理解。

四、教学流程

◆ 环节一　创设情境

设置情境一：利用高台跳水视频导入。

设置情境二：在高台跳水运动中，运动员相对于水面的高度 h（单位：米）与起跳后的时间 t（单位：秒）存在函数关系 $h(t)=-4.9t^2+6.5t+10$。

探究：如何用运动员在某些时间段内的平均速度粗略地描述其运动状态？

计算运动员在 $0\leqslant t\leqslant\frac{65}{49}$ 这段时间里的平均速度。

$$h\left(\frac{65}{49}\right)=h(0)=10 \qquad \bar{v}=\frac{\Delta h}{\Delta t}=0$$

思考下列问题：

探究 1：运动员在这段时间里是静止的吗？

探究 2：你认为用平均速度描述运动员的状态有什么问题吗？

师生互动：运动员在不同时刻的速度是不同的。平均速度不一定能反映运动员在某一时刻的运动状态，需要用瞬时速度描述运动状态。我们把物体在某一时刻的速度称为瞬时速度。

◆ **环节二　温故旧知，探究新知**

探究 3：上节我们学习了平均变化率近似地刻画了曲线在某一区间上的变化趋势．如何精确地刻画曲线在某一点处的变化趋势呢？如何将求瞬时速度的方法升华为运动员的瞬时速度呢？

比如：如何求运动员在 $t=2$ 时的瞬时速度？

师生互动：在 $t=2$ 之前或之后，任取一个时刻 $2+\Delta t$，Δt 是时间的改变量，可以是正值，也可以是负值，但不为 0。

当 $\Delta t<0$ 时，$2+\Delta t$ 在 2 之前，

当 $\Delta t>0$ 时，$2+\Delta t$ 在 2 之后。

计算：区间 $[2,\ 2+\Delta t]$ 和区间 $[2+\Delta t,\ 2]$ 时，$h(t)=-4.9t^2+6.5t+10$

这段时间内平均速度：

$$\bar{v}=\frac{\Delta h}{vt}=\frac{h(2+\Delta t)-h(2)}{\Delta t}=-13.1-4.9\Delta t$$

平均变化率近似地刻画了曲线在某一区间上的变化趋势。

Δt		Δt	
−0.1	−12.61	0.1	−13.59
−0.01	−13.051	0.01	−13.149
−0.001	−13.095 1	0.001	−13.104 9
−0.000 1	−13.009 951	0.000 1	−13.100 49
−0.000 01	−13.099 951	0.000 01	−13.100 049
−0.000 001	−13.099 995 1	0.000 001	−13.100 004 9
…	−13.1	…	−13.1

师生互动：学生利用计算器，分组验证表格数据。

探究 4：当 Δt 趋近于 0 时，平均速度有什么变化趋势？

师生互动：可以看出，当 Δt 趋近于 0 时，即无论 t 从小于 2 的一边，还是从大于 2 的一边趋近于 2 时，平均速度都趋近与一个确定的值 −13.1。

从物理的角度看，时间间隔 $|\Delta t|$ 无限变小时，平均速度就无限趋近于 $t=2$ 时的瞬时速度。因此，运动员在 $t=2$ 时的瞬时速度是 −13.1。

为我们表示方便，用 $\lim\limits_{\Delta t\to 0}\frac{h(2+\Delta t)-h(2)}{\Delta t}=-13.1$。表示“当 $t=2$，Δt 趋近于 0 时，平均速度趋近于确定值 −13.1”。

读作：当 Δt 趋近于 0 时，$\frac{h(2+\Delta t)-h(2)}{\Delta t}$ 的极限等于 −13.1 m/s。

探究5：问题1. 运动员在某一时刻 t_0 的瞬时速度怎样表示？

师生互动：学生用 t_0 代替2，通过类比得到 $\lim\limits_{\Delta t\to 0}\dfrac{\Delta h}{\Delta t}=\lim\limits_{\Delta t\to 0}\dfrac{h(t_0+\Delta t)-h(t_0)}{\Delta t}$。

问题2：函数 $f(x)$ 在 $x=x_0$ 处的瞬时变化率怎样表示？

导数的定义：$\lim\limits_{\Delta x\to 0}\dfrac{\Delta y}{\Delta x}=\lim\limits_{\Delta x\to 0}\dfrac{f(x_0+\Delta x)-f(x_0)}{\Delta x}$。

函数 $y=f(x)$ 在 $x=x_0$ 处的瞬时变化率是：

$$\lim_{\Delta x\to 0}\frac{\Delta y}{\Delta x}=\lim_{\Delta x\to 0}\frac{f(x_0+\Delta x)-f(x_0)}{\Delta x}。$$

称为函数 $y=f(x)$ 在 $x=x_0$ 处的导数，记作或 $f'(x_0)$ 或 $y'|_{x\to x_0}$，

即
$$f'(x_0)=\lim_{\Delta x\to 0}\frac{f(x_0+\Delta x)-f(x_0)}{\Delta x}。$$

引导分析：理解导数的定义需要注意的几个方面：

(1) $f'(x_0)$ 与 x_0 的值有关，不同的 x_0 其导数值一般也不相同；$f'(x_0)$ 与 Δx 的具体取值无关。

(2) 瞬时变化率与导数是同一概念的两个名称。

(3) 导数是研究在点 x_0 处及其附近函数的改变量 Δy 与自变量的改变量 Δx 之比的极限，它是一个局部性的概念，若 $\lim\limits_{\Delta x\to 0}\dfrac{\Delta y}{\Delta x}$ 存在，则函数 $y=f(x)$ 在点 x_0 处就有导数，否则就没有导数，即存在 $\lim\limits_{\Delta x\to 0}\dfrac{\Delta y}{\Delta x}$ 表示是一个定数，函数 $f(x)$ 在点 x_0 处的导数应是一个定数。

◆ 环节三　案例分析，方法提炼

引导分析：由导数的定义可知，求函数 $y=f(x)$ 的导数的一般方法。

1. 求函数的改变量；

2. 求平均变化率；

3. 求极限得值。

口诀：一差、二化、三极限。

例1　已知 $f(x)=x^2+6$，求 $f'(2)$.

$$\begin{aligned}f'(2)&=\lim_{\Delta x\to 0}\frac{\Delta y}{\Delta x}=\lim_{\Delta x\to 0}\frac{f(2+\Delta x)-f(2)}{\Delta x}\\&=\lim_{\Delta x\to 0}\frac{(2+\Delta x)^2+6-(2^2+6)}{\Delta x}\\&=\lim_{\Delta x\to 0}(4+\Delta x)\\&=4.\end{aligned}$$

例 2 将原油精炼为汽油、柴油、塑胶等各种不同产品，需要对原油进行冷却和加热。如果第 xh 时，原油的温度为（单位：℃）$f(x)=x^2-7x+15$（$0\leqslant x\leqslant 8$）。计算第 $2h$ 和第 $6h$，原油温度的瞬时变化率，并说明它们的意义。

变式训练 1：

将原油精炼为汽油、柴油、塑料等各种不同产品，需要对原油进行冷却和加热。如果在第 xh 时候，原油的温度为（单位：℃）$f(x)=x^2-7x+15$（$0\leqslant x\leqslant 8$）。

计算第 $3h$ 和第 $5h$ 时，原油温度的瞬时变化率，并说明它的意义。

变式训练 2：

如果质点 A 按规律则在 t 变化，则在 $t=3s$ 时的瞬时速度为（　　）。

A. 6　　B. 18　　C. 54　　D. 81

◆ **环节四　课堂小结**

通过本节课的学习你有哪些收获？

师生互动：

1. 复习了旧知：瞬时变化率；

2. 学了新知识：导数的概念；

3. 由导数的定义可得求导数的一般步骤：

（1）求函数的增量 $\Delta y=f(x_0+\Delta t)-f(x_0)$；

（2）求平均变化率$\dfrac{\Delta y}{\Delta x}$；

（3）求极限 $f'(x_0)=\lim\limits_{\Delta x\to 0}\dfrac{\Delta y}{\Delta x}$.

◆ **环节五　作业布置，板书设计**

【教学反思】

本节课“以学生为主体，培养学生的个性发展”为中心思想。新知探究设置多样，使全体学生都能参与，充分发挥了学生的主动性，让学生主动构建导数这个概念。练习和作业的分层设计尽量满足多样化的学习需求，做到因材施教，学生能运用导数的概念来解决有关问题，在掌握知识的同时，发展学生的数学核心素养。

在难点的突破上，采取了有效的分解策略。① 设置多步探究，有效分解导数的概念，突破重难点；② 利用跳水运动员的运动曲线，创设情境贯穿始终，兴趣伴随学习；③ 充分利用现代多媒体技术，数形结合分解难点，设置函数的动态变化观察函数的平均变化率和瞬时变化率，形成逼近思想，理解导数的概念。

通过本节课的研究，自身在技术上的提升：① 利用现代技术班班通调动学生积极性，将注意力集中于核心问题上。② 通过将计算结果投影到班班通上，让学生积极主动地参与到课堂中来，使学生保持高水平的思维活动。③ 通过几何画板演示，在动态过程中使学生对核心概念的理解更直观生动。

还需补足之处：部分学生在利用导数定义求函数在某点处的导数时，直接用 $\Delta x=0$ 做计算；在下节课学习《导数的几何意义》回顾旧知前，还需让学生理解 Δx 趋近于 0，形成逼近思想，理解导数的概念。

《椭圆及其标准方程》课例

喻向红

【基本课型】

新授课——《椭圆及其标准方程》

【教学设计】

一、教学目标

1. 知识：① 掌握椭圆的定义和标准方程；② 能用椭圆的标准方程解决一些简单的问题。

2. 能力：② 通过椭圆定义的归纳和标准方程的推导，培养学生发现规律、认识规律并利用规律解决实际问题的能力；② 在椭圆定义的获得和其标准方程的推导过程中进一步渗透数形结合等数学思想和方法，体会坐标法的魅力和威力。

3. 情感：① 通过椭圆定义的归纳过程培养学生探索数学的兴趣；② 通过标准方程的推导培养学生的求简意识并能懂得欣赏数学的“简洁美”；③ 通过师生、生生的合作学习，增强学生团队协作能力的培养，增强主动与他人合作交流的意识。

二、教学目标确定的依据

（一）内容分析

在学习本课《椭圆及其标准方程》之前，学生已学习了直线与圆的方程，对曲线和方程的概念有了一定的了解。同时，对运用坐标法研究几何问题也有了初步的认识。从思想上说，本节课是运用“曲线与方程”思想解决二次曲线问题的又一实例。从内容上说，本节课是运用坐标法研究几何问题的实际演练，也是研究椭圆几何性质的基础。同时，也为进一步研究另外两种圆锥曲线——双曲线、抛物线提供了基本模式和理论基础。所以，教材把对椭圆的研究视为重点，它对知识起到了承上启下的作用，在高考中也是重点考查的内容之一。先讲椭圆也与圆的知识衔接自然，学好椭圆对学生学习圆锥曲线具有重要意义。在本节课之前，教材前言部分简单地将圆锥曲线的知识与日常生活和科学研究中的一些问题联系起来，使得学生了解到数学与现实生活的紧密联系，并对圆锥曲线有了大概的印象。教材有两个特点：一是概念性强；二是凸显了坐标法在研究几何问题时的重要作用。《椭圆及其标准方程》这一节所体现出的学习方法对本章其他内容的学习具有导向和引领作用。但由于本章节难度较大，对于缺乏数形结合能力、不善于简化平面几何问题的学生来说，学习起来较困难。

（二）学情分析

本节课是高二学生学习的《椭圆及其标准方程》内容，经过之前的学习，学生已具备探究有关点的轨迹问题的知识基础和学习能力。这个阶段的学生还以抽象逻辑思维为主要发展趋势，他们的思维正从属于经验性的逻辑思维向抽象思维发展，仍需要依赖一定的具体形象的经验材料来理解抽象的逻辑关系。同时，由于学生学习解析几何时间还不长、学习程度也较浅，并且还受到高二这一年龄段学习心理和认知结构的影响，在学习过程中难免会有些困难。如：由于学生对用坐标法解决几何问题这一知识点掌握还不够，故从研究圆到研究椭圆，学生思维上会存在障碍。另外，本节内容较抽象，对学生的抽象思维、分析能力要求较高，再加上学生理解能力、运算能力及基础参差不齐，这进一步提高了学生学习本节内容的难度。

三、教学重难点

重点：椭圆定义及其标准方程的推导。

难点：椭圆标准方程的推导。

四、教学流程

◆ 环节一　情境导入

设置情景 1：给出两个共顶点的圆锥，用垂直于圆锥的轴的平面截圆锥，截口曲线（截面与圆锥侧面的交线）是一个圆。同时给出一个改变圆锥的轴与截平面所成的角的动画。

教师提问 1：用不垂直圆锥的轴的平面截圆锥会得到怎样的曲线？

学生预期回答：椭圆、抛物线、双曲线。

教师提问 2：你能给这些曲线命个统一的名字吗？

学生预期回答：圆锥曲线。

设置情景 2：给出神舟六号进入太空的运动轨迹图片。

教师提问：运动的轨迹抽象为数学中的曲线是什么？

学生预期回答：椭圆。

◆ 环节二　知识讲授、重难探究

1. 合作实验

（1）材料准备：一条定长的细绳，一块硬纸板，两颗图钉，一支铅笔。

（2）实验方法：以小组为单位（5 人左右），由一人固定纸板，由两人固定细绳的两端，使得绳子不绷紧留有余地，再套上铅笔，拉紧绳子，移动笔尖，画出曲线。再将绳子绷紧，套上铅笔，移动笔尖，画出直线。

2. 动画演示

用 PPT 中动画模拟刚才的实验过程。

3. 新课探究一

椭圆定义：平面内与两个定点 F_1，F_2 的距离和等于常数（大于 $|F_1F_2|$）的点的轨迹叫作椭圆，这两个定点叫作椭圆的焦点，两焦点间的距离叫作椭圆的焦距，即 $|PF_1|+|PF_2|=2a$。（$|F_1F_2|=2c$，$2a>2c>0$）

其中：（1）当 $|PF_1|+|PF_2|>|F_1F_2|$ 时，点 P 的轨迹叫作椭圆；

（2）当 $|PF_1|+|PF_2|=|F_1F_2|$ 时，点 P 的轨迹是线段；

（3）当 $|PF_1|+|PF_2|<|F_1F_2|$ 时，点 P 的轨迹不存在。

4. 新课探究二

小组合作探究：如何建立椭圆的方程？（约 10 分钟）

小组结论及疑问：

（1）方法：坐标法；

（2）步骤：建系、设点、列式代入、化简，即建设（现）代化；

（3）如何建立适当的平面直角坐标系？

（4）如何化简？碰到两个根式的等式怎么处理？化简后的式子比较复杂能否优化式子结构？

（5）得到的方程会是哪种形式？

教师释疑：

（1）以线段 F_1F_2 的中点作为原点，以线段 F_1F_2 所在直线为 x 轴，建立平面直角坐标系；

（2）化简时碰到两个根式的等式，先将两个根式移到等号两边，先平方再整理，再平方再整理，从而处理好根号，得到等式：$(a^2-c^2)x^2+a^2y^2=a^2(a^2-c^2)$；

（3）设 $a^2-c^2=b^2$（$b>0$），得 $\frac{x^2}{a^2}+\frac{y^2}{b^2}=1$（$a>b>0$）。

结论：焦点在 x 轴上的椭圆的标准方程为：

$$\frac{x^2}{a^2}+\frac{y^2}{b^2}=1 \quad (a>b>0)$$

思考：焦点在 y 轴上的椭圆的标准方程是怎样的？

师生共析：焦点在 y 轴的椭圆的标准方程是$\frac{y^2}{a^2}+\frac{x^2}{b^2}=1$（$a>b>0$）且 a，b，c 的大小关系是 $b^2+c^2=a^2$。

小试牛刀：

（1）$\frac{x^2}{5^2}+\frac{y^2}{3^2}$，则 $a=$____，$b=$____，$c=$____。焦点是 $F_1=$____，$F_2=$____。

（2）$\frac{x^2}{4^2}+\frac{y^2}{6^2}$，则 $a=$____，$b=$____，$c=$____。焦点是 $F_1=$____，$F_2=$____。

（3）$\frac{x^2}{9}+\frac{y^2}{4}$，则 $a=$____，$b=$____，$c=$____。焦点是 $F_1=$____，$F_2=$____。

（4）$4x^2+9y^2=16$，则 $a=$____，$b=$____，$c=$____。焦点是 $F_1=$____，$F_2=$____。

◆ 环节三　典例探究

例 1　求适合下列条件的椭圆的标准方程。

（1）$a=4$，$b=1$，焦点在坐标轴上；

（2）两个焦点的坐标分别是（-4，0）（4，0），椭圆上一点到两焦点距离的和等于 10；

（3）两个焦点的坐标分别是（0，-2）（0，2）并且经过点（$-\frac{3}{2}$，$\frac{5}{2}$）。

例题反思：椭圆标准方程的求法，先定位再定量，步骤为一定焦点位置；二设椭圆方程；三求 a，b 的值。

（1）椭圆 $\frac{x^2}{100}+\frac{y^2}{36}=1$ 上一点 P 到焦点 F_1 的距离等于 6，点 P 到另一个焦点 F_2 的距离是________。

（2）写出适合下列条件的椭圆的标准方程：

① 焦点在 x 轴上，$a=4$，$b=1$；

② $a+b=10$，$c=2\sqrt{5}$。

【教学反思】

亮点：

1. 目标的完成上：既关注掌握知识技能的过程与方法，又关注在这过程中学生情感态度价值观形成的情况。

2. 教学方法上：结合本节课的具体内容，利用启发探究式教学法、互动式教学法进行教学，表达了认知心理学的根本理论。

3. 学法指导上：采用激发兴趣、主动参与、积极体验、自主探究的方法相结合，促进学生说、想、做，注重“引、思、探、练”的结合，鼓舞学生发现问题，大胆分析问题和解决问题，进行主动探究学习。

4. 学习的主体上：课堂上为学生的主动参与提供时间和空间，让学生发表自己的观点（无论对错）。做到了但凡学生能够自己观察的、口头表达的、思考探究的、动手操作的，都尽量让学生自己去做，这样可以调动学生学习的积极性，拉近师生距离，提高知识的可接受度，让学生体会到他们是学习的主体，进而完成知识的转化，变书本的知识为自己的知识。

5. 学生参与度上：课堂教学真正面向全体学生，让每个学生都体会成功的喜悦。在我的启发鼓舞下，让学生充分主动参与进来，进行交流商量，归纳总结、共同进步，形成师生互动的教学气氛。

不足：

1. 本节课课堂容量偏大，从而导致学生在课堂上思考的时间不够，课堂时间比较紧张。因此今后要合理地安排每一节课的课堂容量，给学生更多的思考时间和空间，提高课堂的效率。同时还要重视探究题的作用，因为班上有一部同学基础比较扎实，而且对数学也比较感兴趣，出一些比较难的思考题，能够让这部分学有余力的同学有所提高。

2. 课堂气氛还不是很活泼，如果提前让他们预习一下课本，效果会更好。

3. 部分学生的计算能力还有待提高，缺少化简计算的能力，在今后的教学中还要继续强化对学生这方面能力的培养。

总之，在课堂教学中，我们“以知识为载体，以思维为主线，以能力为目标，以素养为方向”，展现知识的发生形成过程。以学生为主体，明确本节课的学习目标，以学习任务驱动为方法，以椭圆标准方程的求法为中心。穿插研究性教学尝试，表达了新课程理念。有利于改变学生的学习方法，有利于学生自主探究，有利于学生的实践能力和创新意识的培养。但是，在教学中还是存在很多的不足，在以后的教学中还要继续努力，不断总结经验教训，提高自身的教学能力。

《The Universal Language Extended reading Beethoven: a remarkable life》课例

黎爱萍

【基本课型】

新授课——《The universal Language Extended reading Beethoven: a remarkable life》

【教学设计】

一、教学目标

1. tell the story of Beethoven's remarkable life.
2. give a brief introduction to Beethoven's Symphony No. 9.
3. find out the qualities of Beethoven as a great musician.
4. learn the writing technique.

二、教学目标确定的依据

(一) 内容分析

The unit is about the universal language——Music is the utmost pleasure in life; music is the clear spring of life; music is the furnace of temperamental refinement. Beethoven is one of the most famous musicians in the world. And in his late twenties, he started to lose his hearing, but he didn't give up his dream and created the famous Symphony No. 9, which makes students impressive.

(二) 学情分析

Students are interested in music, but most of them are passionate about pop music, Let students listen to world classics, enhance their taste, and learn Beethoven's spirit of perseverance.

三、教学重难点

1. To integrate what students learn and introduce Symphony No. 9 briefly;

2. To further understand Beethoven's qualities for his great success and learn from him.

四、教学流程

（一）Lead-in 情境导入

设置情境：Play Beethoven's Symphony No. 9, so that students can feel the charm of music, ups and dawns, indulge in it, and stimulate students' interest in learning. And then ask questions:

1. Do you know the name of this song?

2. Who wrote this song? How much do you know about him ?

（二）Reading

A: Fast reading: Please analyze the structure and summarize the main idea of each part.

Part 1 (Para. 1)　The ________ of the live performance.

Part 2 (Paras. 2～3)　________ of Beethoven.

Part 3 (Para. 4)　________________.

Part 4 (Para. 5)　Beethoven's ________________.

B: Careful reading: Part 2　(Paras. 2～3)

Young:

- gifted
- possess perfect sense of hearing
- study music day and night
- be ________
- enjoy a ________ as a wonderful young musician.

his late twenties and later on:

- his life take ________.
- suffer one of the worst possible ________ for a musician.
- darkest moments.
- ________ difficult to perform in public.

at first:

- feel desperate, ________ and ________.
- keep it a ________.

later:

- never abandon ________.
- find solutions.
- compose the ________ music——Symphony No. 9 and present it on stage.

B: Careful reading : Read para. 4 and complete the notes.

Beethoven's Symphony No. 9

About the first movement

The first movement starts quietly, but __________ the whole orchestra breaks into an __________ theme. You can soon feel the __________ coursing through the music. They are full of __________ and ________, reflecting his ________ and ________. The music moves through technically difficult sections ________, showing his genius as a composer.

About the fourth movement.

All the different variations are connected in to a final ________________.

Writing technique: Flashback (倒叙)

In some texts, the events are not put exactly in time order; instead, an event that happened earlier is put in the middle of the main story, which is called flashback. You can tell you are reading a flashback when the story goes back to the past with a change of scene. There is usually a transitional sentence indicating the change.

III: Thinking

Find out Beethoven's qualities as a musician.

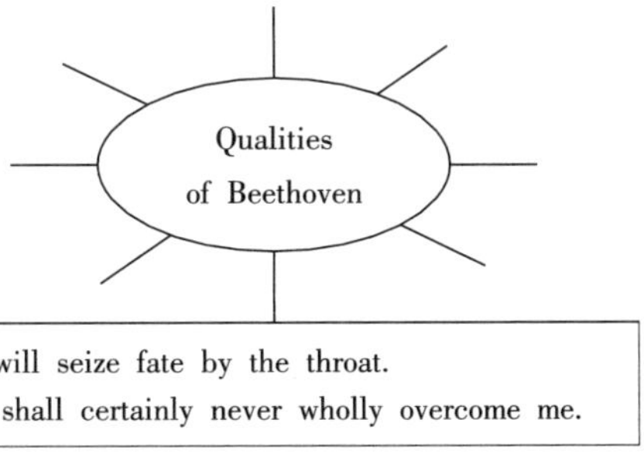

IV: Homework

Please search for information online concerning Beethoven and his works and then complete your brief introduction to Symphony No. 9 within 100 words.

【教学反思】

本堂课的亮点在于情境导入，使用贝多芬的《第九交响乐》导入课堂。学生们迅速沉醉其中，随着音乐时而亢奋，时而激情澎湃，让他们一下子进入角色。不足也在于贝多芬及他的《第九交响乐》，学生不太了解，所以对贝多芬的早期生活及他最著名的作品进行了较详细地介绍，让学生有一个初步的了解，但仅仅一堂课是不够的，让学生课后通过各种方式去了解他，让学生从中受启迪，也希望对他们的学习及人生有所影响。但由于对贝多芬及他的作品也不是很了解，所以没有拓展其他更多的内容，让课堂显得单一。今后将不断充实自己，提升自己的品位，让课堂更丰富多彩。

《Review the Attributive Clause by introducing Waste Sorting》课例

卢玉虹

【基本课型】

复习课——《Review the Attributive Clanse by introducing Waste Sorting》

【教学设计】

一、教学目标

1. 语言能力：学会运用定语从句，会用英语恰当表达垃圾分类知识。

2. 思维品质：掌握从语言现象归纳语法知识的思维品质。

3. 文化意识：移情入境，爱护校园环境，培养环保意识。

4. 学习能力：掌握“是什么—为什么—怎么做”的认知策略，并进行迁移。

5. 德育渗透：垃圾分类，学生有责，践行绿水青山就是金山银山时代使命。

二、教学目标确定的依据

（一）内容分析

1. 考点梳理：定语从句是高考必考考点之一，在语法填空部分考查定语从句引导词的使用，在应用文和读后续写部分考查学生运用定语从句的能力。

2. 得分分析：定语从句是学生易得分点，经过高三系统的复习操练，基本能实现定语从句考点零失分。

3. 难点突破：学生在高一新授语法课已学习定语从句，但是存在个别重点、难点没有突破的现象，本节课旨在复习基础，突破重难点。

（二）学情分析

高考英语考查的三大从句包括定语从句，状语从句，名词性从句（主语从句、宾语从句、表语从句和同位语从句）。学生在高一单元学习定语从句时，只针对性学习定语从句，没有与宾语从句和名词性从句类比学习，导致学生在高三三大从句综合复习中易出现从句类型分辨困难的情况；对于定语从句这一考点，学生有高一语法专题复习的基础，也进行了大量的练习。随着时间的推移，定语从句知识逐渐淡忘、生疏的现象存在于较多学生，导致知识不成系统。

三、教学重难点

重点：运用定语从句表达垃圾分类知识。

难点：whose 的用法及其充当的成分。

四、教学流程

◆ 环节一　情境导入

设置情景：播放一个短视频，介绍宁乡五中垃圾分类工作亮点，宁乡五中学生、垃圾分类志愿者推介五中垃圾分类经验，深受宁乡市教育局高度认可。

◆ 环节二　知识讲授、重难探究

分析句子，整体感知。

设置情境：习近平总书记说："实行垃圾分类，关系广大人民群众生活环境，关系节约使用资源，也是社会文明水平的一个重要体现。"请同学们分析句子，合作探究，自主完成，定语从句定义。

The implementation of garbage classification is related to the living environment of the broad masses of the people the eiconomical use of resources, which is an important part of social civilization.

定语从句的定义：

1. 定语从句是对一个______或______进行________的从句，充当________成分。

2. 先行词是指被定语从句修饰的________或________。

3. 关系词包括________和________。

4. 位置关系：________＋________＋________。

Task-cycle 1：What is waste sorting ?

设置情境：2019 年宁乡五中召开教育教学工作大会，局领导在我校林荫大道垃圾分类展台，听志愿者讲解什么是垃圾分类。根据情境图片，设计对应句子讲授定语从句知识，并引导学生进行知识总结，再辅以练习巩固。

Complete the sentences：*What is waste sorting?*

1. Waste sorting is the policy（政策）________ means the sorting of the kitchen waste，recyclable waste，harmful waste and other waste.

2. The leaders ______ are in charge of education say that waste sorting is necessary.

3. The waste sorting ________ aim is to reduce pollution and protect environment is welcomed.

(一）探究学习：知识总结

关系代词	先行词	在从句中充当的成分
that		
which		
who		
whom		
whose		

(二）迁移运用：巩固练习

1.（2019 全国卷 II，改错）I wanted to be a fireman，uniform looked so cool.

2.（2019 全国卷 II，56 题）It's good to know that there's still one cares enough to go that kind of trouble.

3.（2019 全国卷 II，62 题）Now Irene Astbury works from 9 am to 5 pm daily at the pet shop，she opened with her late husband.

Task-cycle 2：Why should waste be sorted?

设置情境：再现宁乡五中学生日常落实垃圾分类的情境，再现垃圾分类志愿者着红马甲宣讲垃圾分类意义的场景，设计有定语从句的情景式英语句子来描述相应情境。句子讲解后，引导学生自主完成知识总结，并配以专项练习进行知识巩固。

Complete the sentences：*Why should waste be sorted?*

1. We should put the banana peel into the bin ________ kitchen waste should be thrown. We can beauty the environment in our school by doing that.

2. The waste sorting can create jobs at a period ________ more guiders are needed to help people with sorting waste.

3. The reason ________ people should sort waste is that it can save energy and resources.

(一）探究学习：知识总结

<table>
<tr><th colspan="2">关系副词</th><th>先行词</th><th>在从句中充当的成分</th></tr>
<tr><td>where</td><td rowspan="3">＝介词＋which</td><td></td><td></td></tr>
<tr><td>when</td><td></td><td></td></tr>
<tr><td>why</td><td></td><td></td></tr>
</table>

（二）迁移运用：巩固练习

1.（2019 全国卷 I，改错）They also had a small pond whichthey raised fish ________.

2.（2018 年全国卷 II 阅读理解 B 篇）Many of us love July because it's the month which nature's berries and fruits are inabundance（充足的）________.

解题技巧总结：一找 ________，二析 ________，三定 ________。

Task-cycle 3：How to sort waste

情境设置：创设真实的垃圾分类实景，用卡纸做四分类垃圾桶，和团委借用垃圾标识图卡，在课堂上，让学生来用英语讲解怎样进行垃圾分类。将英语表达和实际操作结合，使学生的英语运用落入真实的情境中。

Try to introduce waste sorting with the help of samples.

（借鉴例子，将图片分类投放入图示垃圾桶，进行垃圾分类引导。）

Sample1：There are some paper boxes that are recyclable waste. They should be thrown into the blue bin where recyclable waste should be put.

Sample2：Batteries are harmful to environment，which belong to harmful waste. They should be thrown into the red bin.

Sample3：We should reuse recyclable waste，which can save energy. So，papers and boxes should be put into the blue bin.

Main task

情境设置：围绕“垃圾分类我们应该做什么”主题，设计小语篇。将句子中含有定语从句知识点的句子挖空，让学生来根据情境，运用定语从句，补充语篇。

Finish the short passage：What should we do to sort waste?

As for measures to promote waste sorting，here are tips to keep in mind.

When we go shopping，we should choose products 1. ____________ are in recyclable containers. Besides，we should say no to plastic bags，2. ____________（它们是对环境有害的）. We are supposed to encourage people 3. ____________（重复利用纸和水的人）. We will experience a period 4. ____________ we have to sort waste every day. If you ask me the reason 5. ____________（为什么我们要推进垃圾分类），my answer is that：Waste is just the misplaced resources.

◆ **环节三　习作训练**

情境设置：设置贴合学生生活实际的写作情境，引导学生结合本节课所学语言知识（定语从句和垃圾分类表达），完成 100 词左右的应用文写作。

假设你是学校环保社团负责人，社团需招聘垃圾分类志愿者。现需为该职位发布一则招聘启事，内容包括：（请运用本节课所学语言知识）

1. 工作说明，包括介绍垃圾的分类，学校垃圾分类的意义，学校采取的垃圾分类措施。

2. 报名地点及截止时间。

注意：① 次数 100 左右；② 可适当增加细节使行文连贯。开头已写好，不计入总数。

Notice

Intended to promote waste sorting in our school. We want some volunteers for the Environment Protection Community.

Best wishes.

Li Hua

【教学反思】

本节高三语法复习课内容难度适中，定语从句知识点在一节课内可以复习并进行巩固。根据宁乡市高中英语教研员何明辉老师的理念，语法复习要情境化，所以设计了垃圾分类这一情境来复习定语从句。

亮点：

在教学内容方面：核心考点，系统复习，志在必得。根据历年高考试题定语从句知识点的考查频率，确定其是核心考点。新教材在高一年级必修一中对定语从句语法进行新授，学生有一定基础，但没有形成系统，也没有以高考真题为指向进行复习。结合学生对定语从句知识碎片化、有盲区的学情，在高三一轮语法复习中，进行知识的专项复习，让学生对这个知识的分数收入囊中。

在情境设置方面：情境在身边，学生有参与。垃圾分类情境，源自宁乡五中学生垃圾分类实践经验，学生实实在在参与垃圾的分类投放，参加了垃圾分类知识竞赛，进行了垃圾分类知识入户宣讲志愿活动，学生有垃圾分类“是什么、为什么、怎么做”的知识储备。

在教学环节设计方面：培养思维，迁移运用。授课围绕“垃圾分类”主题，设计三个教学主环节：是什么？（What is waste sorting ?）为什么？（Why should waste be sorted?）怎么做？（What should we do to sort waste?）学生解决这三个问题，就为主任务打好了语法和语言的脚手架，有利于学生完成应用文写作。

不足：

情境导入设计要更自然，并进行深度挖掘。导入视频紧扣定语从句，用力过猛，显得不自然。同时，导入视频中的音频文字，实际上可在后面的环节进行素材运用，形成知识上、形式上的呼应，也使导入更自然贴切。

语法规则归纳要更精准。教师基于学生自主探究和合作探究给出的知识总结，要给出精准无误的表述，让学生对定语从句的定义、构成、引导词选用等形成精准的认知。

高考题精选精练精讲。本节课高考链接训练有设计，但课堂容量有限，没有充分的对标高考真题进行知识点操练。其实，可以配套练习题卷，汇总近5年高考真题中设计定语从句的所有考题，进行课后针对性地巩固练习。然后，检查学生的练习卷，根据学生做题情况，有针对性地重点讲解突破。

《The Universal Language Extended reading Beethoven：a remarkable life》课例

彭帅英

【基本课型】

新授课——《The Universal Language Extended reading Beethoven：a remarbable life》

【教学设计】

一、教学目标

1. tell the story of Beethoven's remarkable life;

2. give a brief introduction to Beethoven's Symphony No. 9;

3. find out the qualities of Beethoven as a great musician;

4. summarize what makes a great musician and explain the reasons;

5. grasp the writing techniques of this article.

二、教学重难点

1. To integrate and internalize what students learn and introduce Symphony No. 9 briefly;

2. To further understand Beethoven's qualities for his great success and learn from him.

Teaching procedures:

◆ **环节一　Lead-in**

The teacher has students look at the picture and answer the following questions:

1. Do you know the name of this man?

2. Where is he from?

◆ **环节二　Pre-reading**

The teacher has students look at some pictures and read the title and answer the following question: What will the passage talk about?

◆ 环节三　While-reading

1. The teacher has students read the passage for the first time and fill in the blanks.

Para. 1：The first-ever performance of ________________.

Para. 2：Beethoven's life journey before his late twenties.

Para. 3：Beethoven's attitudes in the face of ________________.

Para. 4：________________________.

Para. 5：Beethoven's ___________________.

2. The teacher has students read the passage for the second time and finish the following tasks：

Part 1　Para. 1

The teacher has students read Part 1 and answer the questions.

(1) Was Beethoven famous at that time? How did you know?

(2) What was the audience's response to Beethoven's live performance?

(3) How do you think Beethoven felt seeing the audience's response?

Part 2　Paras. 2～3

The teacher has students further think about the questions.

(1) Could you imagine what kind of sufferings he faced?

(2) How did he continue composing music even when he was deaf?

Part 3　Para. 4

The teacher has students read Part 3 and have a discussion.

(1) What can you feel from Beethoven's master piece, Symphony No. 9?

(2) Does Symphony No. 9 reflect his life experiences? How?

◆ 环节四　Praoctice：multiple choices

1. When did Beethoven begin to lose his hearing?

A. When he was a teenager.　　B. When he was twenty years old.

C. When he was about thirty.　　D. Several years before his death.

2. What can't the audience sense in Beethoven's Symphony No. 9?

A. A strong will to fight against difficulties in life.

B. A light mood towards life.

C. Low spirits when people suffer from hardships.

D. A strong determination to overcome difficulties.

3. Why did Beethoven put one end of a pencil in his mouth and the other end against the instrument?

A. To feel the notes. B. To stay awake.

C. To make him look funny. D. To hear the sound of music clearly.

4. What do we know about Beethoven's SymphonyNo. 9?

A. It was composed when he was deaf. B. It consists of four movements.

C. It was a grand finale to his life. D. All of the above.

5. Which of the following words can be used to describe Beethoven and his life?

① romantic ② bitter ③ modest ④ outgoing ⑤ determined ⑥ talented

A. ①②④ B. ②③⑤ C. ②⑤⑥ D. ①③⑥

◆ **环节五 Post-reading**

1. The teacher helps students understand flashback.

(1) How does the author introduce the topic?

(2) Can you find the transitional sentence indicating the change of scene that tells you are reading a flashback? And try to explain the function of it.

2. The teacher helps students learn how to briefly introduce Beethoven's Symphony No. 9 and has them present it in class.

3. The teacher helps students analyse Beethoven's good qualities.

(1) What qualities lead to Beethoven's great success?

(2) What do you think makes a great musician?

4. The teacher concludes the class with a sentence by Hemingway: What's unbeatable is stronger.

◆ **环节六 Homework**

Please search for information online concerning Beethoven and his works and then complete your brief introduction to Symphony No. 9 within 200 words.

Exercise

1. Fill in the blanks

(1) Grandma does all her own shopping and cooking —— I have never seen a more independent ________ (age) person.

(2) As you may recall, we had a long yet ________ (uplift) coming-of-age ceremony last week.

(3) Someone ________ (upset) the photographs I laid out so carefully, which

makes me quite angry.

(4) The government ________ (determine) to pay more attention to environmental protection.

(5) The patient didn't respond to the drug, which made it difficult for him ______ (recover) in a short time.

(6) By the time we ________ (get) to the cinema, the film ________ (be) on for half an hour.

(7) When ________ (ask) about what she thought of the movie, she just said it was worth seeing a second time.

(8) I could feel the gentle wind coming from the coast while ________ (watch) the brilliant sunset.

(9) You'd better make it a routine to get your kitchen ________ (clean) after each meal.

(10) ________ (strength) Japan's diplomatic influence across the world, Abe (安倍) tried to seek a greater role for his country in international affairs since he took office.

2. Fill in the blanks according to the text

After hearing the first-ever performance of the great Beethoven's Symphony No. 9, a sea of people all stood, clapping and 1 ________ (wave) their hats and handkerchiefs to express their appreciation of 2 ________ (he) masterwork.

As a 3 ________ (gift) child, Beethoven was pushed by his father to study day and night. Not long after, he began to 4 ________ (appreciate) for his piano performanees. By the time he was a teenager, he had already enjoyed a reputation as a wonderful young musician. 5 ________ , in his late twenties, Beethoven started to lose his hearing, 6 ________ deeply depressed him.

Even in his darkest moments, Beethoven never abandoned hope and was determined 7 ________ (find) a way to continue living a life full of music. When Beethoven presented Symphony No. 9 in Vienna in 1824, it was his first time on stage in over ten years. Since that day, Symphony No. 9 8 ________ (become) one of the most famous and treasured pieces in the history of classical music.

As Beethoven's last great work, his Symphony No. 9 was also a grand finale to his life-he died less than three years after the concert in Vienna, aged 56. For his 9 ______ (determine) even in his darkest days, Beethoven is regarded 10 ________ one of the most remarkable musicians who ever lived.

【教学反思】

这是选择性必修一第二单元的拓展阅读。本单元话题为音乐——全世界通用的语言，它抚慰了我们的心灵，丰富了我们的生活。本节课内容很多，所以分两课时进行。这是第一课时，重点放在阅读、理解文本意思、探究人物性格上。

亮点：以图片导入，激发兴趣，开门见山地导入话题；引导学生分析标题含义，为后续学习做好铺垫；概括文章每段的段落大意，掌握基本语篇结构。仔细阅读部分深入文本，感受贝多芬的命运多舛，以及他不折不挠向命运抗争的精神，帮助学生在语境中、在活动中学习语言知识，提升语言技能和整合信息的能力。同时欣赏倒叙手段的合理使用，探究其与主题意义的关联。让学生学习倒叙的写法，因为写作方法可以学习，可以迁移，能学以致用。引导学生分析人物性格，探讨成功所必备的品质，树立良好的价值观，落实立德树人的理念。

不足：练习题题量设计较多，梯度不够，我认为还可以进一步精选练习，可以考虑有学考层次和高考层次的练习，这样习题针对性更强，学生收获可能更多。再就是我的学生在音乐书上和其他渠道了解贝多芬，但对于交响乐，对于贝多芬其人其事，知道得比较少，有必要补充适量的相关知识，帮助他们更好了解贝多芬以及他的作品。

《自由落体运动》课例

谢炟宇

【基本课型】

新授课——《自由落体运动》

【教学设计】

一、教学目标

（一）知识与技能

（1）理解什么是自由落体运动，知道它是初速度为零的匀加速直线运动。

（2）知道什么是自由落体加速度及它的方向，知道在不同地方，重力加速度大小不同。

（3）掌握自由落体运动的特点和规律，并能解决一些实际问题。

（二）过程与方法

（1）通过实验，认识自由落体运动，归纳得出自由落体运动的条件。

（2）通过实验，证明自由落体运动是初速度为 0 ，加速度为 g 的匀加速直线运动。

（3）通过实验，培养学生的实验设计和动手能力，以及分析和处理实验数据的能力。

（三）情感态度与价值观

（1）让学生领悟突出主要因素，忽略次要因素。

（2）通过实验探究过程，培养学生实事求是的科学态度。

二、教学目标确定的依据

（一）在物理知识体系中所处地位

《自由落体运动》是普通高中人教版物理必修一第二章《匀变速直线运动》第 5 节的内容，这章是高中物理重点和难点。本节内容是在学生学习了运动学知识后编排的，是匀变速直线运动的特例，既是对前面知识的复习和巩固，又加强了课本与实际生活的联系。

（二）物理课程标准对本节课的要求

（1）经历匀变速直线运动的实验研究过程，理解位移、速度和加速度，了解匀变速直线运动的规律，体会实验在发现自然规律中的作用。

（2）用打点计时器、频闪照相或其他实验方法研究匀变速直线运动。

（3）通过史实，了解伽利略研究自由落体所用的实验和推理方法。

（4）通过实验研究质量相同、大小不同的物体在空气中下落的情况，从中了解空气对落体运动的影响。

（三）学情分析

知识基础：学生已了解描述运动的基本物理量——位移、路程、速度、加速度，掌握匀变速直线运动的规律。

技能基础：通过对前几节问题的研究，高一学生已经具备一定的实验探究能力，能体会到物理学研究问题的一些方法，如运用理想模型和数学方法（图像、公式），以及测加速度、处理实验数据等方法了解物理的基本研究方法。

思维障碍：自由落体运动在生活中很常见，对学生来说并不陌生，但根据生活中的现象得到的一些结论是片面的。针对学生的一些不完全理解，教师应引导学生在自主探究中寻找真理。考虑学生自主探索发现物理规律的能力总体来说比较差，因此，需要在教师引导下完成实验探究活动。

三、教学重难点

重点：自由落体运动的性质和规律。

难点：设计实验并验证自由落体运动为匀变速直线运动。

四、教学流程

◆ 环节一　情境激疑、导入新课

1. 从生活中的落体运动入手，如苹果下落、露珠下落、雪花飘落、落叶飘落，引入新课。

2. 看一看，想一想：观察以上图片，引导学生思考并分析，从物理学的角度来看，上述运动存在哪些共同的特征？

3. 提问：同学们，物体下落现象在生活中是很常见的，大家来说一说你们常见到的物体下落的现象。

◆ 环节二　启发引导、探究学习

（一）探究落体运动快慢的影响因素

探究一：不同轻重物体的下落。

引导并提问：关于物体的重量会影响物体下落的快慢这个问题，其实在两千多年前就有两位科学家对此产生了争论。亚里士多德认为物体下落快慢是由重量决定的，也就是重的物体下落快，轻的物体下落慢。多年之后（大约 16 世纪末），意大利比萨大学的青年学者伽利略对亚里士多德的推论产生了怀疑，他提出物体下落的快慢与物体的重力没有关系。这两种观点到底哪个正确？我们看看实验：一个重的铁球和一个轻的铁球下落，哪个先落地，还是同时落地，可以得到什么结论？

观看视频：(重铁球和轻铁球同时释放)，得到结论物体下落快慢与轻重无关。

注意：比萨斜塔的实验是传说中的，并不真实存在。只是播放模拟比萨斜塔的视频。

探究二：影响物体下落快慢的主要因素是什么？

演示实验 1：将粉笔和一张纸在同一高度同时释放。

演示实验 2：将纸片和由纸揉成纸团（质量相同）处于同一高度同时释放。

演示实验 3：将纸揉成纸团（质量相同），与粉笔处于同一高度同时释放。

提问：在第二个实验中，纸团被揉成了团，重量并没有变化，相比第一个实验，为什么就和粉笔同时落地了？

引导：将纸片揉成了纸团，它的什么发生了变化？

总结：因此我们可以得到什么结论呢？

结论：空气阻力是影响物体下落快慢的主要因素。

探究三：若无空气影响时，物体下落的快慢又是如何？

引导学生思考“没有空气”的仪器，过渡到牛顿管的实验（现场实验演示）。

结论：在真空中，物体下落情况完全相同，与物体的重量、形状和大小等无关。

提问并总结：通过以上三个探究活动，总结如下。

（1）物体下落快慢与物体的重量无关。

（2）影响物体下落快慢的主要因素是________，但如果忽略________，不同物体同时同地同一高度下落运动的情况是________。

（二）自由落体的定义

引导并提问：不同物体同时同高度下落会同时落地，这是忽略了空气阻力，请同学们思考，在没有空气时，物体受到了几个力的作用？这就是我们今天要学习的自由落体运动。有没有同学可以归纳出自由落体运动的定义？从定义上，我们可以看出自由落体运动的条件是什么？

结论：物体只在重力作用下从静止开始下落的运动叫作自由落体运动。

条件：（1）只有重力作用；（2）初速度为零。

（三）探究自由落体运动的性质

实验方案：在教师的引导下，让学生猜想到自由落体运动可能属于匀变速直线运动，然后进一步设计实验验证猜想。

操作：通过频闪照相机验证自由落体运动是匀加速直线运动。

（四）探究自由落体的加速度

1. 计算自由落体加速度：处理纸带数据，算出加速度，即为自由落体加速度。

2. 自由落体加速度也叫重力加速度。

3. 重力加速度的方向。

4. 重力加速度的大小。

5. 地球表面的重力加速度大小及其规律。

强调：

（1）同一地点，一切物体的自由落体加速度都是相同的。

（2）自由落体运动只受重力作用，因为自由落体加速度也叫重力加速度。

（3）符号用 g 表示，方向与重力方向相同，所以也是竖直向下的。

◆ **环节三　总结升华、学以致用**

提问：自由落体运动既然是匀变速直线运动，应满足匀变速直线运动的规律，大家回忆一下匀变速直线运动的规律是什么？（速度公式、位移公式、位移速度公式和平均速度公式）

例题　一个物体从 20 m 高的地方自由下落，到达地面时的速度是多大？这个过程需要多长时间？（$g=10\ \mathrm{m/s^2}$）

应用：课本第 45 页“做一做”：测量反应时间。

引导学生复习：教师用 PPT 打出本节课知识的提纲，引导学生总结今天的收获。

【教学反思】

《自由落体运动》是《匀变速直线运动》一章中的第 5 节课，主要学习什么是自由落体运动、自由落体运动的性质、自由落体加速度以及自由落体规律。本节课是想让同学们把匀变速直线运动规律应用在自由落体中，所以自由落体运动性质和规律是本节课的重点，深入分析自由落体运动是匀变速直线运动则为本节课的教学难点。为了加强学生对自由落体运动特点的理解，首先用伽利略和亚里士多德观点争论引起学生对这节课的兴趣，同时思考物体下落快慢与物体重量是否有关，其次用“牛顿管”让学生对比真空下和空气中物体的下落情况，通过这些实验学生自己得出结论：物体下落快慢与物体重量无关，与空气阻力有关，同时引出本节课的主题——自由落体运动。对于基本概念的理解，为了培养学生的总结归纳能力，让学生从以上的实验中自己归纳总结出自由落体的定义以及判断的条件，学生在实验和归纳中加深了对自由落体运动和重力加速度的理解，使教学过程变得不枯燥。而关于自由落体运动规律的理解和应用，首先复习一般的匀加速直线运动的规律，然后通过条件的变换，让学生自己总结自由落体运动的规律，进而准备几道简单的例题，让学生予以巩固基础。从学生做的例题上看，学生对自由落体运动规律的应用还不是很熟悉，今后还需加强。另外，本堂课还暴露了两个不足之处：首先是对于学生规范解题强调得不够，导致部分学生解题过程较为随意潦草；其次，自身对于课堂细节的把控还不到位，需要多听优秀教师的课来丰富自己。

《钠的氧化物》课例

向晋芳

【基本课型】

新授课——《钠的氧化物》

【教学设计】

一、教学目标

1. 证据推理与模型认知：通过对化学实验现象的观察进行适度的推理，建立证据意识，能基于证据对物质组成、结构及其变化提出可能的假设，通过分析推理加以证实。

2. 科学探究与创新意识：通过完成钠的化合物的相关实验，有序地、全面地、敏锐地观察实验现象，并能准确地用语言描述，尝试对现象进行分析、归纳，了解科学探究的基本方法，培养初步的科学探究能力。

3. 科学精神与社会责任：通过对于钠的化合物性质的研究，激发学生的求知欲望和学习兴趣；培养学生认真细致和严谨求实的科学精神。通过对钠的化合物在日常生活中用途的学习，理解掌握化学知识在社会生活中的重要作用。

二、教学目标确立的依据

（一）内容分析

钠的化合物是本章教材的重点之一，钠的化合物很多，本节教材在初中已经介绍过的氢氧化钠和氯化钠等的基础上，主要介绍过氧化钠、碳酸钠和碳酸氢钠。对于过氧化钠，重点介绍它与水的反应，以及与二氧化碳的反应，同时，还简单介绍了过氧化钠的用途。在过氧化钠的教学中应重视实验教学，先通过实验给学生以感性认识，然后再通过对实验现象的观察和分析，引导学生共同得出有关结论。通过钠的化合物的学习，可以加深巩固第一节钠的知识，并为以后碱金属的学习奠定基础，故本节教材具有承上启下的作用。

（二）学情分析

本课时是教材第二章第一节内容，学生已经学习了钠的单质一节，对金属钠已经有一定的认识和了解，对其化学性质也有一定的掌握。

在前一节内容的基础上来学习本节的内容，可以对几种重要的钠的化合物有更加全面的认识，对知识点也会有更加全面的理解。另外，这部分内容实验多，与生活联系紧密，容易吸引学生的注意，激发他们学习的兴趣。

高一学生已经有一定的比较总结、分析归纳的能力，所以学好该部分内容可以锻炼学生的自学能力以及合作探究学习的能力。

帮助学生逐步掌握学习化学的一些基本方法，帮助学生初步建立研究具体化学物质的一般方法和规律；能使学生真正认识化学在促进社会发展、改善人类生活条件等方面所起到的重要作用。

三、教学重难点

重点：氧化钠与过氧化钠的性质。

难点：过氧化钠的性质。

四、教学流程

◆ 环节一　情境导入

设置情境：前段时间长沙电信大楼着火，导致外墙全部烧毁，所幸疏散及时，没有造成任何的人员伤亡。

教师提问：同学们，你们知道火灾中导致死亡的主要原因是什么吗？在火灾中如何自救呢？

学生预期回答：火灾中导致死亡的主要原因是浓烟导致窒息，家中起火我们可以用湿毛巾捂住口鼻，消防员可使用呼吸面具。

设置情境：针对这一原因，2019 年中国航天科工二院 206 所研发出了一款生命卫士呼吸面罩。“生命卫士”应急逃生面罩属于个人应急救援产品，具有体积小、重量轻、便于携带等特点，使用也非常简单，只要戴在头上用呼吸面罩捂住口鼻即可。口罩采用了航天员在太空使用的再生式循环系统，利用内置的化学物质发生化学反应产生氧气，整个循环不与外界进行气体交换，避免在火场因吸入有毒有害气体而造成的伤亡，可以为使用者提供安全稳定的氧气支持。

教师提问：呼吸面具中提到的化学物质是一种钠的氧化物，那究竟是哪一种呢？它又是与什么物质反应产生了氧气呢？

◆ 环节二　探究呼吸面具原理——学习氧化钠与过氧化钠的性质

（一）提出问题

呼吸面具中钠的氧化物是哪一种，是与人体呼出的哪种物质发生反应产生氧气。

（二）引导学生做出猜想

猜想一：呼吸面具中是氧化钠，它与水反应产生了氧气。

猜想二：呼吸面具中是氧化钠，它与二氧化碳反应产生了氧气。

猜想三：呼吸面具中是过氧化钠，它与水反应产生了氧气。

猜想四：呼吸面具中是过氧化钠，它与二氧化碳反应产生了氧气。

教师：同学们，请根据所学知识评价以上这四个猜想。

学生预期回答：氧化钠是碱性氧化物，它与水反应应该只生成碱，与酸性氧化物反应应该只能得到盐。

教师：你们的想法非常正确，那请大家合作学习，总结氧化钠的相关性质、用途，并填好学案。

总结：氧化钠的性质及用途。

氧化钠：Na_2O

1. 颜色状态：白色固体；
2. 构成粒子：O^{2-}、Na^+；
3. 氧的化合价：-2；
4. 阴阳离子个数比：1∶2；
5. 物质类别：碱性氧化物；
6. $Na_2O + H_2O = 2NaOH$；
7. $Na_2O + CO_2 = Na_2CO_3$；
8. $Na_2O + 2HCl = 2NaCl + H_2O$；
9. 用途：制取钠的氧化物。

教师：那请同学们根据提出的猜想三、猜想四设计出相关实验并进行相关实验填写好表格。

学生：设计实验、进行实验、总结知识。

	过氧化钠与水的反应	过氧化钠与二氧化碳的反应
实验方案		
实验现象		
实验结论		
化学方程式		

总结：过氧化钠的性质及用途。

过氧化钠：Na_2O_2。

1. 颜色状态：淡黄色固体；
2. 构成粒子：O_2^{2-}、Na^+；
3. 氧的化合价：-1；
4. 阴阳离子个数比：1∶2；
5. 物质类别：过氧化物；
6. $2Na_2O_2 + H_2O = 4NaOH + O_2\uparrow$；
7. $2Na_2O_2 + 2\ CO_2 = 2Na_2CO_3 + O_2\uparrow$；
8. 用途：漂白剂、消毒剂、供氧剂。

◆ **环节三　知识迁移**

设置情境：在以往的载人飞行任务中，环控生保使用的是非再生技术，也就是航天员在太空生存所需的氧气和水都从地面携带。随着空间站任务一步步推进，航天员在太空驻留的时间越来越长，仅依靠地面携带已无法满足要求，环控生保技术必须要从非再生走向再生。

再生式环控生保系统，顾名思义，就是实现水等消耗性资源的循环利用，保障航天员在轨长期驻留。这个系统可以收集航天员挥发的水分、排放的尿液，还有呼出的二氧化碳，然后把这些收集到的水汽、水和二氧化碳还原成航天员可在轨利用的氧气和水。

教师：航天员想利用再生式环控生保系统将呼出的二氧化碳转化为氧气，他们需携带哪种物质上太空呢？

学生：过氧化钠。

【教学反思】

本堂课是一节元素及其化合物性质与用途和实际生活联系紧密的新授课。过氧化钠在之前已学习过碱性氧化物概念的基础上，来推理它的性质不难，故本节课的重难点在过氧化钠性质及其用途的学习上。利用呼吸面具的原理探究作为情境素材，让学生在探究实验中学会过氧化钠与水和二氧化碳的反应，最后在结尾进行升华，让学生能将知识进行迁移，知道航天中的再生循环系统是如何将二氧化碳再生变为氧气的。

亮点：本堂课采用了探究式教学法，利用火灾中使用的呼吸面具为情景素材，自然地过渡到了课堂知识的学习中，启发式的教学方法，不断提问，循循善诱，极大地锻炼了学生的发散性思维能力。探究式教学法极大地提高了学生的参与度与他们学习知识的兴趣。知识是在学生的自主探究过程中自然生成的。整堂课与实际生活联系紧密，注重了知识的迁移与应用。

不足：整堂课内容较满，一些环节不够精练，导致在过氧化钠与水和二氧化碳的反应中，没有时间来分析过氧化钠在这两个反应中的作用。在设计上和实际课堂的操作中，还需要注意环节的衔接，精简内容。

《含氯消毒剂》课例

成　蕾

【基本课型】

新授课——《含氯消毒剂》

【教学设计】

一、教学内容及分析

教学内容选自人民教育出版社出版的《高中化学（必修第一册）》第二章第二节《氯及其化合物》。这部分内容是在学习氧化还原的基础上来学习氯气和次氯酸的性质，在氧化还原的基础上能更好地了解氯气和次氯酸的氧化性。学习这部分知识对学生的生活有一定帮助。

84 消毒液和漂白粉是生活中常用的消毒液，在日常生活用途特别广泛。了解它不管是应对高考，还对生活都有帮助，很具有探究价值。本节课涉及的高考内容有以下几点：次氯酸的酸性、强氧化性、漂白性、不稳定性等化学性质及其应用。高考当中涉及氯气与次氯酸的试题一般角度独特、情景新颖、知识点全面，对学生能力要求较高。

综上所述，教师以人为本，为吸引学生的学习兴趣，建议使用情境式教学，多从实际生活出发，从生产到使用，以及使用的注意事项等方面，引导学生归纳总结次氯酸的性质，达到活学活用的效果。

二、学情分析

（一）知识方面

学习了《高中化学（必修第一册）》第二章第二节的内容之后，学生开始接触氯及其化合物，但在日常生活中接触最多的还是含氯的消毒液，他们也不清楚消毒原理，对此感到陌生，因此，将课堂与生活实际联系起来更能让学生接受。

（二）情感态度方面

学生对化学实验非常感兴趣，而这一节恰好能设计出出彩的实验，而且与生活实际联系特别紧密，将会大大吸引学生的注意力，学生也更愿意去学习相关内容，为学习这堂课奠定了情感基础。

三、教学重难点

重点：84 消毒液的性质。

难点：84 消毒液的漂白性实质。

四、教学过程

◆ 环节一　情境导入

设置情境：同学们我们一起来看一组照片，照片中的行为就发生在同学们的身边，你们熟悉吗？给我讲讲这是在干什么吗？（后勤王师傅在给教室和寝室消毒）你们知道王师傅是用什么药品给大家消毒的吗？

◆ 环节二　知识讲授、重难探究

设置情境：这是我从王师傅手上拿到的消毒剂，我们一起来看看它的标签，请大家注意它的成分和使用注意事项，推测次氯酸钠的性质。

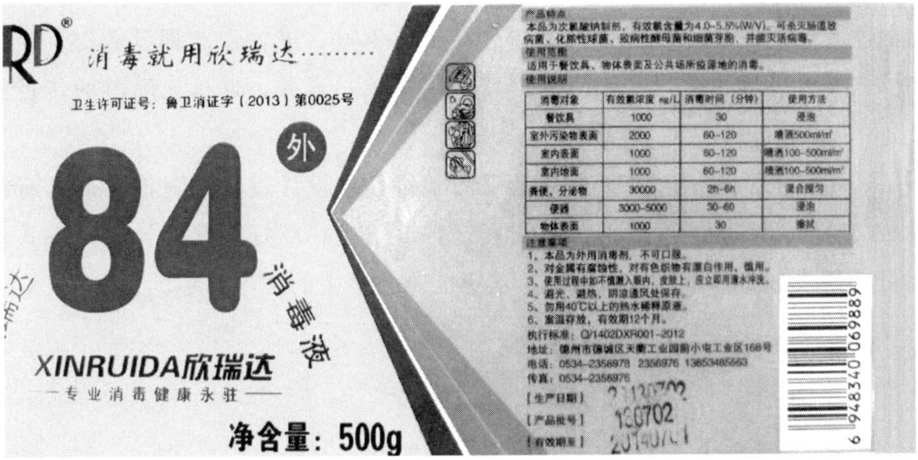

自主学习：自己寻找资料，查看工业生产中是如何制备 84 消毒液？并写出相关化学反应方程式。相类似的产品还有漂白粉，制备原理也相差不大，请完成其化学方程式的书写。

合作探究：

设置情境 1：我们使用消毒液直接兑水就可以，家里每年清塘你爸妈是不是直接将漂白粉洒满整个池塘来消毒，其实真正起漂白和消毒作用的物质是次氯酸，那漂白粉和消毒液是怎么产生次氯酸的？我们为什么不直接使用次氯酸？

设置情境 2：有一位家庭主妇，她在家中打扫卫生时突然晕倒。家人发现后立即将她送到医院抢救。经对其血液和胃液化验，确认是有毒气体中毒。原来是这名主妇为了获得更强的去污能力，在加了洁厕灵后又加了一些 84 消毒液，结果发生了化学反应，产生了有毒气体，导致中毒事故发生。请同学们进行分析：为什么 84 消毒液和洁厕灵一起使用会产生有毒气体？

资料卡片："洁厕灵"使用说明关键词：

1. 能轻松消除瓷面污渍、水垢、水锈、尿垢等。
2. 勿用于酸敏感的大理石、金属等。
3. 勿与漂白类化学药品混用。

【教学反思】

本节课，我选用了生活中比较常见的场景，如学生家里给池塘消毒的场景，还有截取了一部分新闻事件，这些场景学生感到特别亲切，还有与生活紧密联系，让学生真正感受到生活处处有化学，化学来源于生活。

本节课内容只取了氯及其化合物中的一小节，整个过程就是围绕消毒剂的组成、消毒剂的制备、消毒剂的发挥效果以及消毒剂的使用这几个方面展开，归纳其制备方法和化学性质，学生通过对次氯酸盐和次氯酸的学习，进一步掌握其关键。这样，学生掌握了一种更科学的学习方法，也提高了化学核心素养，这远比简单的传授知识更有意义。

不足之处：化学是一门以实验为基础的学科，在设计过程中对消毒剂具有漂白性的物质是次氯酸而不是次氯酸钠，比起直接告诉学生，更好地获取知识的方式是设计实验证明具有漂白性的物质是次氯酸，这更能激发学生的学习兴趣。

《伴性遗传》课例

陈宇霞

【基本课型】

新授课——《伴性遗传》

【教学设计】

一、教学目标

生命观念：通过分析性染色体上的基因所控制的性状与性别相关联的现象，认识生命的结构和功能观。

科学思维：通过引导学生逐步分析，归纳概括出伴X染色体遗传病的遗传特点。

科学探究：创设情境，自主学习，合作探究，利用红绿色盲遗传病的遗传方式和特点，设计实验探究伴性遗传解决实际生产实践问题。

社会责任：运用伴性遗传的遗传原理，认识到婚前咨询、产前检查的重要性，指导优生优育，或为农业生产服务。

二、教学目标确定的依据

（一）课程内容分析与处理

本节课是必修二《遗传与进化》第二章第三节的内容，它是以色盲为例讲述伴性遗传现象和伴性遗传规律。它进一步说明了基因与性染色体的关系，也为第五章第三节《人类遗传病》的学习奠定了基础。本节内容包括3部分内容，在课堂上要重点学习人类红绿色盲症，学生自主探究抗维生素D佝偻病和伴性遗传理论在实际中的应用，这样处理能形成知识的递进，有利于学生构建知识框架，符合学生认知发展规律。

（二）学情分析

经过上一节基因在染色体上的对摩尔根果蝇眼色遗传实验的学习，同学们已经对XY性别决定型和伴性遗传有了基本的了解。通过本节课，让学生掌握伴性遗传的概念和规律，并以此去解决伴性遗传相关的实际问题。通过创设问题情境的方法，引导学生探究红绿色盲的遗传方式和特点，培养学生分析探究、归纳概括的科学思维。让学生能够基于自己对红绿色盲遗传病的认识，知道通过产前咨询，贯彻优生优育政策，规避遗传病的风险。再通过伴性遗传指导生产的实例，培养学生解决生产生活中的生物学问题的担当精神。

三、教学重难点

重点：伴性遗传的概念，伴 X 染色体遗传病的遗传特点。

难点：预测不同婚配类型的遗传，性别决定和伴性遗传的应用。

四、教学流程

◆ 环节一　设置情境

通过连环画创设情境，讲述了一对有家族遗传病史的夫妻为了生一个健康的宝宝进行遗传咨询的故事。由于妻子的爷爷和兄弟都患有色盲，妻子很担心自己怀一个患色盲的孩子，于是去医院做遗传咨询。遗传咨询师在向他们展示了红绿色盲测试图，在确定了这对夫妻不是患者之后，询问妻子相关情况，画出了妻子的家族色盲家系图。

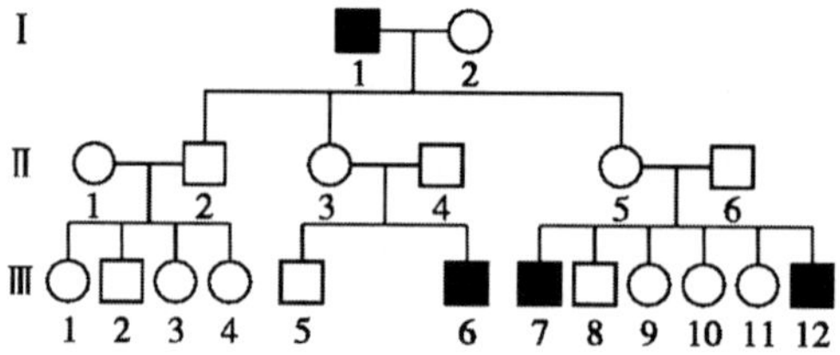

图 1

问题 1：为什么这对夫妻会担心自己的孩子会患色盲，为什么遗传咨询师只画出了妻子的家族色盲系谱图。

◆ 环节二　知识讲授、重难探究

（一）探究伴性遗传的概念和特点

展示血友病、红绿色盲、外耳道多毛症、抗维生素 D 佝偻病这几种遗传病在男女当中的发病率。

	男	女
血友病	2.73/1 000 000	极罕见
红绿色盲	4.7%	0.67%
外耳道多毛症	仅男性	无
抗维生素 D 佝偻病	人群发病率为 1/25 000，但是女性多于男性	

问题 2：为什么这些遗传病的发病率和性别有关？

（二）探究红绿色盲的遗传类型

让学生自己观察妻子的家系图，思考回答以下问题：

问题 3：红绿色盲基因是显性基因还是隐性基因？I 代和 III 代有患病者，但是 II 代没有，说明红绿色盲在家族的传递中有什么特点？

问题 4：家系图中患病者是哪种性别？说明红绿色盲遗传与什么有关？

问题 5：Ⅰ代 1 号是否将自己的红绿色盲基因传给了Ⅱ代 2 号？这说明红绿色盲基因是位于 X 染色体上还是 Y 染色体上？

（三）探究红绿色盲的遗传现象

在通过前面思考得出红绿色盲是一种伴 X 隐性遗传病后，结合分离定律，让学生们合作探究其遗传特点。

问题 6：请写出人的正常色觉和红绿色盲的基因型和表现型（色盲基因用 b 表示）。

	女性			男性	
基因型					
表现型					

问题 7：依据上表，基因型不同的男女婚配方式共______种。

问题 8：请完成以下遗传图解：

① 女性正常×男性色盲

② 女性携带者×男性正常

③ 女性携带者×男性色盲

④ 女性色盲×男性正常

问题 9：妻子位于遗传家系图 III 代 9 号的位置，妻子的基因型可能是？如果你是遗传咨询师，通过基因诊断，妻子确认携带有色盲基因，你建议这对夫妻生孩子吗？

学生活动：小组之间合作探讨色盲和正常人的婚配方式和遗传规律，并选三组同学派代表在黑板上将正常人和红绿色盲患者的基因型和表现型表格书写出来，由学生书写 4 组不同组合婚配方式的遗传图解。

（四）探究并总结伴 X 隐性遗传的特点

问题 10：根据染色体组成，考虑为什么色盲患者男性多于女性？

问题 11：分别观察四个图解中的所有男性色盲患者，回答男性的色盲基因有什么传递特点？

来自__________，传给____________。

问题12：分析第4个遗传图解，回答如果你是遗传咨询师，有一对妻子患色盲，丈夫正常的夫妻想要生孩子，向你咨询，你会建议他们生男孩还是女孩？请解释理由。这位患色盲的妻子的亲属还有谁一定患色盲？

问题13：综合以上三个问题，总结伴X隐性遗传病有何遗传特点？

（五）探究伴X显性遗传的特点

问题14：抗维生素D佝偻病的致病基因是位于X染色体上的显性基因，通过对伴X隐性遗传的探究，你能写出抗维生素D佝偻病存在的基因型和婚配方式有多少种？画出不同基因型男女婚配的遗传图解。

问题15：请通过画出来的遗传图解，总结伴X染色体显性遗传病的特点。

设计意图：培养学生的学习迁移能力，探究学习伴X染色体显性遗传病的遗传特点。

◆ 环节三　创新应用

指导学生阅读以下资料，让学生尝试设计杂交方案，使养蚕人能够在幼虫时期就能根据皮肤的特征，挑选出产量高的雄蚕。

资料1：蚕的性别决定型为ZW型，雌蚕的性染色体组成为异型的ZW，雄蚕的性染色体组成为同型的ZZ。

资料2：蚕的正常蚕（A）对油蚕（a）是显性，正常蚕幼虫皮肤不透明，油蚕幼虫皮肤透明如油纸。基因A和a位于Z染色体上。

【教学反思】

亮点：

（1）情境与问题设计：本节课通过遗传病在男女中发病率差异进行导入，很自然的引起学生对于伴性遗传这一现象的思考。之后再设置了一个贯穿整个探究过程的情境，情境的创设切合课题，能很好地激发学生的学习兴趣和动力。在创设情境的基础上，结合和改造了课本的问题，新设计了15个问题。问题设计符合学生的思维规律，有层次性和驱动力，很好地启发了学生的思维，构建了学生的知识体系。

（2）探究课堂的形成：本节课创设的情境和情境下的问题极大地激发了学生的学习兴趣和热情，课堂气氛活跃，学生能就问题进行辩论，思维得到较好的发散，证明基于情境设计的问题探究能产生驱动力。这有赖于情境的精心创设，以及对问题探究活动的精心设置。

（3）创新探究的设计：更改了伴性遗传理论在实践中应用这一小节教材中的芦花

鸡例子，查阅资料后改成了油皮蚕。再由学生自己设计实验方案进行伴性遗传理论的应用，做到了以学生为主体，拓展了学生的思维。

不足：

在完成不同基因型男女婚配的遗传图解时，发现学生在书写遗传图解方面仍然存在书写不规范的问题，考虑在这个环节设置有层次的引导学习，规范学生的书写。比如，第一组：女性正常×男性色盲婚配的遗传图解可以由老师提供部分关键要素，剩下的部分以填空的形式让学生进行补充填写，对学生书写问题进行点拨后，再递进式地由学生独立完成其他组的遗传图解的书写。

在检查学生课后练习时发现，在分析某遗传病的遗传系谱图时，学生在判断该病是伴 X 遗传病还是常染色体遗传病时有较大的难度，可以考虑在课堂中增加对伴性遗传病和常染色体遗传病不同婚配类型遗传图解的比较。

《基因表达与性状的关系》课例

胡芳芳

【基本课型】

新授课——《基因表达与性状的关系》

【教学设计】

一、教学目标

生命观念：阐明基因、环境与性状之间的复杂关系，认同生命的复杂性，并能尝试对复杂事物进行多角度、多因素的分析。

科学思维：通过交流与讨论，加深对“基因对性状的控制”原理的理解。

生命观念：通过“实例”比较和归纳，说出基因碱基序列不变但表型改变的表观遗传现象，归纳和概括出表观遗传是可以遗传的结论。

社会责任：认识到新品种的培育能满足人类日益发展的需求和对环境保护的影响。

二、教学目标确定的依据

（一）内容分析

（1）《基因表达与性状的关系》是人教版（2019）教材必修二《遗传与进化》第四单元“基因的表达”中的第二节。

（2）本章第一节先介绍遗传信息的转录、遗传信息的翻译，然后总结中心法则。这样的安排，对本节课有总结提升的作用。多数情况下，基因和性状的关系，并不是一一对应的，本节课先讲述了基因对性状的控制，然后介绍基因的选择性表达与细胞分化，基因为什么会选择性表达？是因为基因的表达受到调控，顺利过渡到“表观遗传”的内容，这也为第五章《基因的变异》打下基础。

（二）学情分析

在上这节课前，学生已具有DNA复制、转录以及翻译等知识储备，可以通过创设情境让学生自主探究，设计问题引导学生思考、回顾、比较来获得对新知识的认知。

三、教学重难点

重点：阐明基因表达与性状的关系；了解基因的选择性表达与细胞分化；理解表观遗传。

难点：DNA 甲基化的表观遗传机制。

四、教学流程

◆ 环节一 情境导入

播放视频，激发学生学习兴趣。视频中介绍了台湾省荧光鱼的培育过程，即通过导入珊瑚的基因，使鱼能够发出五颜六色的荧光。

教师总结：为什么导入了珊瑚的基因，鱼就可以发光呢？基因与生物性状之间的关系如何呢？带着这些问题，我们一起来学习《基因表达与性状的关系》。

◆ 环节二 知识讲授、重难探究

（一）基因表达产物与性状的关系

设置情境：科学家导入了珊瑚基因后，在鱼的体内检测出了荧光蛋白，由此说明了基因可以通过控制蛋白质的合成，来控制生物的性状。除此之外，基因还可以通过哪些方式来影响生物的性状呢？

教师：请同学们根据学案所学内容，开展合作探究。

合作探究一：

1. 从基因的角度解释豌豆的圆粒与皱粒。

圆粒豌豆　皱粒豌豆

编码淀粉分支酶的基因正常　　DNA 中插入了，打乱了编码______的基因

⇓　　⇓

2. 人类的白化病

正常个体　患病个体

控制酪氨酸酶形成的基因正常　　控制形成的基因异常

⇓　　⇓

3. 囊性纤维病

CFTR 基因缺失了 3 个碱基

⇓

4. 镰刀型细胞贫血症

教师总结：由上述四个例子可知，基因可以通过控制酶的合成来控制代谢过程，间接控制生物的性状。还可以通过控制蛋白质的合成，直接控制生物的性状。

（二）基因的选择性表达与细胞分化

设置情境：科学家提取了鸡的输卵管细胞、红细胞和胰岛细胞，对这三种细胞的DNA和mRNA进行检测，发现细胞中有些基因表达，有些基因不表达。

教师：组织学生阅读教材“思考讨论”部分，完成教材上的两个思考题。

（三）表观遗传

设置情境：将珊瑚的荧光基因同时导入到同一品种鱼的相同部位，所培育的鱼类性状一定相同吗？我们都知道，同卵双生的双胞胎虽然具有相同的DNA序列，却存在表型的差异和疾病易感性的差异。这又是怎么回事呢？我们一起来进行探讨。

合作探究二：

资料1：柳穿鱼的花的遗传

（1）检测Lcyc基因的表达情况：________________

（2）对Lcyc基因测序：________________

（3）检测Lcyc的甲基化：________________

（4）植株A、B杂交，F_1的花与植株A相似，为什么？F_1自交的F_2中绝大部分植株的花与植株A相似，少部分植株的花与植株B相似，为什么？

（5）柳穿鱼杂交实验中，F_2代出现了性状分离，其分离比是否符合孟德尔的基因分离定律？Lcyc基因的高度甲基化修饰能够遗传吗？

（6）柳穿鱼的花遗传有何特点？这对你认识基因和性状之间的关系有什么启示？

资料2：小鼠毛色的遗传

（1）A^{vy}基因的表达不同的原因是什么？A^{vy}基因前a序列甲基化的水平不同引起的。

（2）对子一代三种毛色小鼠（基因型$A^{vy}a$）的A^{vy}基因测序结果是什么？

（3）子一代小鼠毛色发生变化，说明了什么问题？

（4）DNA甲基化对小鼠毛色的影响，在小鼠后代中仍然出现。这对你认识基因和性状之间的关系有什么启示？

（四）总结提升

教师：学完基因与性状之间的关系后，回到课前我们讲到的荧光鱼，我们可以尝试运用生物学知识，解决一些现实生活中的问题。

资料一：从事基因转殖荧光鱼技术的台湾郡港生物科技，将珊瑚红色基因转移到鱼体内，于2006年3月31日首度发表全球第一条全身型红荧光基因鱼“郡港红色1号”。

资料二：Sp2 是 Sp 转录因子家庭的成员之一，Sp 蛋白质扮演着细胞“接线员”的角色，其可在需要时开启或关闭。北卡罗莱纳州立大学研究人员发现，皮肤肿瘤的发展与 Sp2 的过量生产呈正相关性。

阅读上述资料，思考以下两个问题：

1. 从影响性状形成的因素出发，我们可以如何操作，让荧光鱼的色彩更加迷人？

2. 集思广益，说说荧光鱼具有哪些价值？

学生预期回答：略

教师总结：

1. 基因通过其表达产物——蛋白质来控制生物体的性状。

2. DNA 甲基化等因素导致在其碱基序列不变的情况下，表达情况会发生可遗传的变化，这就是表观遗传。

3. 在大多数情况下，基因与性状之间并不是简单的一一对应的关系，基因与基因、基因与基因表达产物、基因与环境之间存在着错综复杂的相互作用，这种相互作用形成了一个错综复杂的网络，精细地调控着生物体的性状。

◆ **环节三　习题训练**

果蝇的黑体（v）与灰体（V）是一对相对性状，某实验小组对果蝇的这对相对性状进行遗传研究。如果用含有某种添加剂的食物喂养果蝇，所有的果蝇都是黑体，现有一只用含有该种添加剂的食物喂养的黑体雄果蝇，请设计一个实验探究其基因型。

（1）应选取________________果蝇与待测果蝇交配。

（2）用________________喂养子代果蝇。

（3）通过观察子代果蝇性状，推断待测果蝇的基因型：

① 若子代________________，则待测果蝇的基因型为 VV；

② ______________________________；

③ ______________________________。

【教学反思】

本节课的内容较多，包括“基因表达产物与性状的关系”“基因选择性表达与细胞分化”“表观遗传”，所以上课的内容必须有所取舍，着重分析“基因表达产物与性状的关系”和“表观遗传”，本节课始终贯穿着“基因与性状”这条主线，最后鼓励学生，利用上课所学，解释现实生活中的问题，落实社会责任。

亮点：新课标指出，生物学科的价值在于形成学生的核心素养，包括生命观念、科学思维、科学探究、社会责任。而以讲授法为主的传统课堂难以培养学生的核心素养。因此主要采取学生活动的形式，在开展活动过程中，我们提供了许多材料，帮助学生突破重难点。基于本节课内容的特点，主要采用了以下教学方法。

（1）直观演示法。利用多媒体，进行直观演示，化静为动，化抽象为具体，增强教学内容的直观性、趣味性。

（2）活动探究法。在课堂中设计了三个活动，难度上层层递进，引导学生通过阅读资料、分析实验过程，通过现象，找出规律，判定结果。以学生为主体，培养学生的自学能力、思维能力、活动组织能力。

（3）集体讨论法。针对学生提出的问题，组织学生进行集体和分组讨论，促使学生在学习中解决问题，培养学生的团结协作精神。

不足：这节课的课堂容量大，难度较高，尽管采取了很多方法化繁为简，但是对于部分基础不太好的同学来说，仍然是个不小的挑战。不管是在小组合作讨论环节，还是在小组发言的环节，这部分学生都处于“落单”状态。

《依托红色校史　体味文化功能》课例

刘　情

【基本课型】

新授课——《依托红色校史　体味文化功能》

【教学设计】

一、教学目标

（一）必备知识

掌握文化的功能。

（二）关键能力

感悟校史底蕴，体味文化功能，汲取奋进力量，涵养家国情怀。

（三）核心素养

政治认同：认同宁乡市域红色资源，建设美丽幸福新宁乡。

科学精神：科学把握文化的功能，正确认识文化现象。

法治意识：在民主与法制建设中，促进文化与政治、经济的相互交融。

公共参与：积极主动参与健康有益的文化活动。

二、教学依据

（一）内容分析

《文化的功能》是高中政治必修四《哲学与文化》第三单元第七课第一框的内容。本框题依托宁乡五中的红色校史，共同体味文化的功能，注重挖掘红色文化对个人、社会、国家和民族的积极作用。

（二）学情分析

高二学生已具备一定的知识和技能积累，能够在老师的引导下运用科学的方法探究问题的本质。宁乡五中的校史文化视频、党建特色宣讲会使同学们产生比较浓厚的兴趣，但从政治学科角度，结合文化的功能，分析宁乡五中深挖学校红色资源的意义，会对学生形成挑战。

三、教学重难点

重点：文化的功能。

难点：文化对个人、社会、国家和民族发展的作用。

四、教学流程

◆ 环节一 情境导入

近日，人民网、中国新闻网、长沙晚报等媒体都对宁乡五中的校史文化、党建工作进行了强力宣传推介。今天，我们依托宁乡五中的红色文化，共同体味文化的功能。让我们一起通过视频了解宁乡五中的红色文化（视频播放：传承红色基因 赓续校史荣光）。

◆ 环节二 问题探究

教师引导：请大家结合视频内容和文字材料思考下列两个问题。2 分钟（播放背景音乐）后，邀请同学表达观点。

议题 1：请概括宁乡五中为铸造红色办学品牌实施的举措。(8 大举措)

同学 A：回答得比较精准，谢谢你！

议题 2：请结合文化的功能，分析宁乡五中深挖学校红色资源的意义。

同学 B：你已进行积极的思考，但我们要从多角度构思答案。

师生总结：

① 文化对人的意义：文化引导人们认识真善美，为人们提供精神指引（引领风尚）。文化教化育人，帮助人们提高思想道德素质、科学文化素质和身心健康素质，促进人的全面发展（教化育人）。优秀文化能丰富人的精神世界，增强人的精神力量，促进人的全面发展。

② 文化对社会的意义：文化服务社会，满足人们过上美好生活的新期待，为人们提供丰富的精神食粮。

③ 文化对国家的意义：文化推动发展是国家繁荣振兴取之不尽、用之不竭的力量源泉，对提高社会文明程度具有重要作用。

④ 文化对民族的意义：增强文化自信，促进文化繁荣，助推民族复兴。

◆ 环节三 拓展践行

宁乡五中深挖学校红色资源，厚植学校发展底蕴，建立特色办学品牌，已培养一大批“自省自律、友善乐群、具有家国情怀”的五中学子。黄政仁先生，目前是中国科学院宁波材料技术与工程研究所所长，中国科学院上海硅酸盐研究所首席研究员、博士生导师、国家“万人计划”领军人才、人社部“有突出贡献中青年专家”、国务院特殊津贴获得者、全国人大代表。杰出校友黄政仁博士回母校讲学时，受到大家的热情欢迎。他深情回忆在宁乡五中的青春年华，以自己和身边人的故事为切入点，勉励学弟学妹们要有自信、要树立目标、要建立正确的价值观、要找到实现价值观的方法，奋发图强，刻苦读书，为国家振兴作出贡献。

一段历史，可以照亮过去；一段历史，也可以影响未来。今天，宁乡五中的红色文化在传承中闪现耀眼光芒。未来，这艘红色冲锋舟将激起更加美丽的浪花。欢迎大家到宁乡五中实地感知红色文化！

【教学反思】

在此次片段教学中，我们将宁乡五中的红色文化资源融入高中思政课堂，课程选题科学合理，视频素材精致大气，板书设计富有创意，授课过程清晰流畅。给学生提供案例、问题和情境，让学生去思考、去体验、去解决，使学生在实践中理清知识框架，提升人文素养，已取得预期效果。但也存在应当强化辨析、构建更具开放性的课堂等不足之处。新课程改革运用新理念、新教材和新评价，对教师已提出更高的要求。我会在以后的课堂中，更加认真研读课标、研读课本、研读学生，提高自己运筹帷幄的能力，打造高效课堂、快乐课堂。

《人民解放战争》课例

沈　蕾

【基本课型】

新授课——《人民解放战争》

【教学设计】

一、教学目标

（1）唯物史观：通过对解放战争爆发的背景、经过及解放战争胜利原因的分析，培育学生的唯物史观。

（2）时空观念：通过本课教学内容时空要素的梳理以及课件中《三大战役示意图》《人民解放军渡江战役示意图》的探究，培育学生的时空观念。

（3）史料实证：通过探析课件中的历史图片、文献史料等训练，培育学生史料实证的素养。

（4）历史解释：通过本课的学习，使学生能够分析解放战争胜利的原因，培育学生的历史解释素养。

（5）家国情怀：通过对中国共产党和全国人民为争取中国光明前途而奋斗的历史的学习，激励学生为实现中华民族伟大复兴而努力奋斗。

二、教学目标确定的依据

（一）内容分析

（1）本课是《中外历史纲要》上第八单元《中华民族的抗日战争和人民解放战争》中第3课，在中国近代史上占有重要地位。本课有4个子目，分别是《争取和平民主的斗争》《全面内战的爆发》《国民党政权的统治危机》《新民主主义革命的胜利》。

（2）通过了解全面内战的爆发及人民解放战争的进程，分析国民党政权失败的原因，探讨中国共产党领导人民取得中国革命胜利的原因和意义。根据课程标准，对本课内容做适当取舍。

（二）学情分析

高中学生在初中历史与社会课程中已有人民解放战争等基础知识的积累，但并不完整；能简单回忆起相关知识，但对具体问题的分析能力、材料的解读能力、历史事件的联系能力不强；学生有对历史事件的共情能力，但极有可能共情“出错”，如对国民党统治覆灭原因的分析。在授课过程中要注重知识点讲授的准确性，注重学生能力的培养和价值观的引导。

三、教学重难点

重点：中国共产党领导人民取得中国革命胜利的原因和意义。

难点：中国共产党领导中国人民走社会主义道路是历史的选择，是人民的选择。

四、教学流程

◆ 环节一　情境导入

设置情境：经过十四年的艰苦抗战，中国付出了庞大代价——5000 万以上的军民伤亡、5600 余亿美元的损失，在国际社会的援助下，才最终取得抗日战争的胜利。当战争结束时，人民最期盼的是什么？

学生预期回答：和平与民主

教师：当时有没有满足人民的愿望呢？

学生：没有，很快蒋介石再次发动了战争。

教师：我们今天一起来学习第 25 课《人民解放战争》。

◆ 环节二　知识讲授、重难探究

（一）战前抉择——路在何方

抗日战争结束后不久，蒋介石就连发三封电报，三次电邀毛泽东到重庆谈判，请大家根据电报的内容，思考国共双方各自的考量分别是什么？

设置情境：前五个小组的同学作为国民党的代表，后四个小组的同学作为共产党的代表，分别站在各自的立场思考，中共到底要不要参加重庆谈判？请同学们开始讨论。

国民党方面：

想用一套软的手法，把共产党吃掉谈何容易！可是，国内也有厌战情绪，国际形势也不允许中国打内战，一打起来我们更被动，利用谈判拖一拖也好。共产党拒绝谈判，我们更有文章好做！

——蒋介石智囊陶希圣

共产党方面：

“我准备坐班房……，如果是软禁，那也不怕，我正是要在那里办点事。现在苏联红军不入关，美国军队不登陆，形式上是中国自己解决问题，实际上是三国过问，三国都不愿意中国打内战，国际压力是不利于蒋介石独裁统治的……所以，重庆是可以去和必须去。”

——1945 年 8 月毛泽东在中央政治局会议上的发言

抉择	国民党	共产党
要		
不要		

在民族大义和人民利益面前，为了最大程度争取和平，1945 年 8 月底，毛泽东、周恩来、王若飞一行三人，不顾个人安危，抵达重庆，展开谈判。在谈判期间，双方留下了很多珍贵的图片资料，我们通过几幅照片来看看当时的场景。

教师过渡：中国共产党和人民争取和平民主的努力，无法打动国民党，蒋介石认为内战的准备已经完成，终于撕下了“和平民主”的伪装，挑起了全面内战。1946 年 6 月 26 日，蒋介石调集 30 万兵力围攻中原解放区，全面内战爆发。

（二）战中较量——相煎何急

情境设置：请大家根据图片内容分析以下问题：

内战爆发时国共双方的力量对比

项　目	国民党	共产党
军队数量	430多万	120多万
武器装备	接收100万日军的装备，有飞机、坦克等先进武器	接收部分东北日军留下的武器，以步枪为主
拥有人口	3亿多	1亿多
拥有地区	大城市及绝大部分交通线	小城镇、农村、偏远地区

(1) 上述图表反映出内战初期国共双方怎样的形势？（通过材料我们可以看出，无论是总兵力、武器装备，还是经济实力，国民党都占有绝对优势，但共产党并没有被吓倒。）

(2) 面对这一形势，中共确立了怎样的方针，采取了什么军事行动？（中共确立了自力更生、以自卫战争粉碎国民党的进攻的方针，歼敌 30 多万，粉碎了国民党的全面进攻；随后又粉碎了国民党的重点进攻。）

(3) 根据这一形势，试概括这一时期解放战争的态势。（国民党处于攻势、共产党处于守势。）

教师：人民军队先后粉碎国民党的全面进攻、重点进攻，国民党军队的锐气受挫。

同时，国民党政权的统治也面临严重危机。请大家结合教材 149 页的内容，探究造成国民党统治危机的原因。

请大家结合教材 151 页三大战役示意图，从名称、时间、参战部队、结果等方面分析三大战役的内容及意义。

教师：三大战役基本摧毁了国民党的主要军事力量，为中国革命在全国的胜利奠定了基础，为迎接胜利，中国共产党召开了七届二中全会。这次会议主要内容有哪些?（学生答：工作重心的转移、两个务必）这次会议解决了中国由新民主主义革命向社会主义革命转变的重大问题。

教师：会后，中国人民是如何迎来新民主主义革命胜利的呢?

学生：北平和谈——渡江战役——占领南京。

教师：占领南京后，毛主席慷慨激昂，写下了著名诗篇《七律·人民解放军占领南京》，请同学们朗读诗歌，体会当时毛主席的心情。

（三）战后反思

(1) 从 1927 年到 1949 年，22 年弹指一挥间，国民党在内地的统治土崩瓦解，请同学们根据材料并联系所学，思考国民党在内地统治覆灭的原因。

“古今中外有一个公例，凡是一个朝代、政权要垮台，并不由于革命势力，而由于它自己的崩溃。”

——傅斯年

(2) 教师：最后，请大家分析新民主主义革命取得胜利的意义。

◆ 环节三　总结升华

教师：在解放战争过程中，我们宁乡五中也为湖南的解放作出了一定贡献，大家知道是什么事件吗?

学生：宁乡五中是宁乡第一所党的学校，配合湖南省工委做了很多事情。作为宁乡五中的学子，我们深感骄傲与荣幸。

教师：所以大家一定能够明白，当毛主席在天安门城楼向全世界庄严宣告：中国人民站起来了，全国人民那种激动、心潮澎湃的心情。让我们回到现场，重温这激动人心的时刻。

【教学反思】

本课是本单元的最后一课，同时也是中国近代史的最后一段，其地位和意义都非常重要。本课知识点很多，涉及重庆谈判、《双十协定》、政治协商会议的召开，全面内战的三个阶段以及新民主主义革命胜利的原因和意义的分析，但一节课的时间根本不可能完成这些知识点的讲解，必须有所取舍。所以，根据教学的需要和学生实际情况的考虑，设置了三个场景，通过这样的方式，开始本课的讲授。

亮点：本课主要是以“战前抉择、战中较量、战后反思”这个模块设计的。“战前抉择”部分通过设置情境让学生对比国共双方各自的考虑，进而明白共产党的立场。“战中较量”部分则通过图片和材料的对比，让学生合作探究出不同阶段共产党的作战方针和政策。“战后反思”部分主要是通过材料分析国民党失败的原因，进而理解共产党为什么能领导中国人民取得革命的胜利。在整个授课过程中，给学生充分的时间思考、探究，进而达到知识的生成，既活跃了课堂气氛，又真正实现了以学生为主体的目的。

不足：在上课过程中，发现课件里有不少小错误，这是自己不细致导致的，在以后的上课过程中要更加严谨，注重一些细微之处。在讲课过程中，要精炼语言，要注意表述的准确性，对于一些主要的问题，要进行归纳。

总之，备好课、上好课都不是容易的事情，要一直努力，多向前辈、优秀的同行学习，取长补短，努力让自己成为一名优秀的历史老师。

《隋唐制度的变化与创新》课例

蔡游游

【基本课型】

新授课——《隋唐制度的变化与创新》

【教学设计】

一、教学目标

（1）了解选官制度的演变趋势，认识科举制的进步性（创新之处）。

（2）了解三省六部制的发展脉络、运作、特点及进步性（创新之处）。

（3）认识两税法的进步性（创新之处）。

二、教学目标确定的依据

（一）课程标准

本课的要求是：认识三国两晋南北朝至隋唐时期的制度的变化与创新。

（二）教材分析

本课内容是《中外历史纲要（上）》第二单元第七课的内容，主要内容为汉朝到隋唐制度的变化与创新，主要介绍了选官制度、中枢政务制度、赋税制度，着重点是隋唐时期这些制度是如何创新的。本节课是第二单元三国两晋南北朝的民族交融与隋唐统一多民族封建国家的发展中比较重要的一课。本课讲授的制度创新既是对中国古代制度史的一次专题讲授，也是对三国两晋南北朝社会的补充。可以说，这节课在本单元中的作用是举足轻重的，隋唐经济、政治和文化的繁盛在一定程度上离不开制度的创新。

本课讲授的制度过于抽象，学生较难理解。老师在授课时，授课难度不宜过大，在教学时辅以相关的图片、补充适当的史料，充分发挥学生的主体地位。

（三）学情分析

高一学生刚刚进入高中学习阶段，对于教材的理解能力以及对材料的解读能力有待提高。在初中时，已经对科举制和三省六部制等有了初步的认识，但是对于其意义的理解还不深入。另外对于经济制度方面的两税法初中阶段尚未接触过，难以理解，需要通过活动调动学生参与，在结合教材知识的基础上，来突破两税法的创新之处。

三、教学重难点

重点：科举制的进步性（创新之处）；三省六部制的运行模式及特点。

难点：两税法的进步性（创新之处）。

四、教学流程

◆ 环节一　情境导入

以胡适先生提出的“文明的核心是制度文明”这句话引入新课。引导同学们了解制度的重要性。同时，引导同学们结合初中所学，认识到隋唐的繁盛在一定程度上离不开制度创新。这样导入新课：隋唐制度的变化与创新。

◆ 环节二　探究学习

（一）走向公平的选官制度

设置情境：

魏文帝曹丕实行“九品中正制”，实行初期，品第人物以才德为主要依据。西晋以后，“九品中正制”逐渐被势力庞大的门阀世族控制，东晋时期，形成了“上品无寒门，下品无士族”的现象。

——薛林军、马晓霞《中国古代人才选拔制度的变革及其对教育的影响》

科举的创新之处就在不仅为社会底层的知识分子提供了持续流动的可能，而且将其制度化……，对知识分子的社会心理是一种塑造，客观上激励了个人的奋斗精神。

——薛明扬《中国传统文化概论》

合作探究一：根据材料及教材 P41，对比“九品中正制”，说明科举制的进步性。

贫苦子弟，类皆廉谨自勉，埋首窗下……

——邓嗣禹《中国考试制度史》

科举考试是中国古代选拔官员的主要方法。它所一直坚持的是自由报名、公开考试、平等竞争、择优取士的原则，其基本理念是“至公”。

——邹一南《浅谈科举制度对中国社会的影响》

学生活动：进行合作探究，站在史料实证的素养角度，结合材料分析科举制的进步性。学生在探究的基础上，小组派出中心发言人上台展示小组的结论。同时引导其他组的同学对上一组的观点进行点评或者补充。

教师活动：展示材料题的解题方法，引导学生寻找材料的关键词，引导学生能够史论结合。要求学生进行合作探究、小组展示、评价补充，记录学生表达观点的合理之处，对学生进行肯定和鼓励。对照学生的发言，进行点拨，提供简洁的、有针对性的参考答案。

教师过渡：同学们，唯物史观告诉我们：任何事物都具有两面性。科举制是我国选官制度的创举，影响深远，但任何事物都是变化发展的，科举制到了明清时期开始僵化，开始阻碍社会的进步。

学生活动：通过预习导学案，自主学习，站在时空观念的角度来完成九品中正制的特点以及科举制度演变过程的学习任务。

教师活动：运用希沃投屏，随机抽取学生的导学案进行检查和点评，同时也对其他同学的答题情况进行摸底，有针对性地帮助学生提高认知。

迁移运用1：(2022·湖南高考）据下表可知（A）

时间	事件
隋文帝开皇十五年（595）	废除九品中正制
隋炀帝大业二年（606）	始置进士科
唐高祖武德七年（624）	恢复九品中正制
唐太宗贞观初年（627）	再度废除九品中正制

A. 世家大族没落　　B. 科举制存在严重弊端

C. 门阀观念强化　　D. 九品中正制仍可延续

（二）走向成熟的中枢机构

设置情境：三省六部制的运行流程。

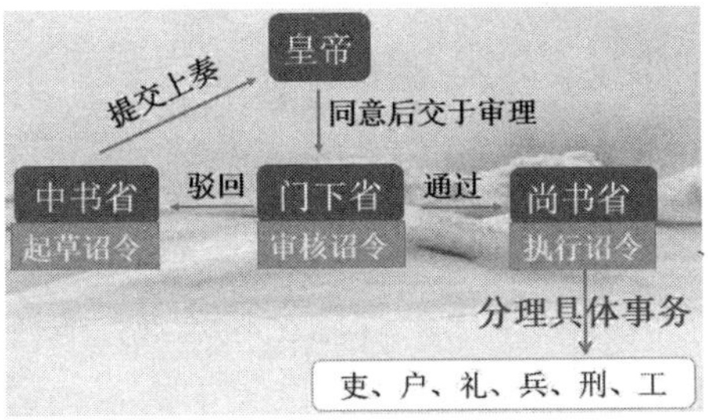

汉宰相采用的是领袖制，而唐宰相则采用委员制。换言之，汉代由宰相一人掌握全国的行政大权，而唐代则把相权分别操掌于几个部门，由许多人来共同负责，凡事经各部门之会议而决定。

——钱穆《中国历代政治得失》

合作探究二：根据材料，并结合教材P41，分析三省六部制的特点及进步性。（为何三省六部制的确立，使得中央决策和性质体系日臻完善?）

学生活动：进行合作探究，站在历史解释的素养角度，结合材料分析三省六部制的进步性。学生在探究的基础上，分三大组进行抢答 PK。

教师活动：引导学生进行合作探究、学生展示，记录学生表达观点的合理之处，对学生进行肯定和鼓励。教师进行点拨，提供简洁的、有针对性的参考答案。

迁移运用 2：（2020．湖南学考）三省六部制是我国古代政治制度的重大创造。这一制度确立并完善于（B）

A．秦汉时期　　B．隋唐时期　　C．宋元时期　　D．明清时期

（三）走向简约的赋税制度

项目	租庸调制	两税法	创新之处
征税标准	人丁为主		
征税项目	田租、户调、力役、杂税等		
征税对象	授田农民		
征税次数	旬输月送		

合作探究三：结合教材 P42～P43，完成租庸调制与两税法的比较表格，分析两税法的进步性（创新之处）？

项目	租庸调制	两税法	创新之处
征税标准	人丁为主	资产为主	放松了人身控制
征税项目	田租、户调、力役、杂税等	田租、户税	简化了征收名目
征税对象	授田农民	一律纳税	扩大了征收对象
征税次数	旬输月送	夏、秋两季	简化了征收时间

学生活动：进行自主探究，拓展思维，结合教材和表格，把握租庸调制和两税法的基本特征，进行历史比较，在此基础上，提炼观点，得出两税法的创新之处。

教师活动：引导学生进行自主探究、学生展示，引导学生能结合教材进行分析，记录学生表达观点的合理之处，对学生进行肯定和鼓励。教师进行点拨。

迁移运用 3：欧阳修认为，租庸调之法，以人丁为本，但自开元以后，“天下户籍久不更造，丁中转死，田亩卖易，贫富升降不实，租庸调之法坏而两税行”，“惟以资产为宗，不以丁身为本”。这种变化反映了（ D）

A．赋税征收更公平合理　　B．人身依附关系完全松弛

C．土地兼并已不受限制　　D．赋税制度因时因势调整

◆ 环节三　拓展延伸

敢于和善于分析回答现实生活中和群众思想上迫切需要解决的问题，不断深化改革开放，不断有所发现、有所创造、有所前进，不断推进理论创新、实践创新、制度

创新。

——2013 年 1 月 习近平《关于坚持和发展中国特色社会主义的几个问题》

你的感悟：习近平总书记的讲话说明了制度创新的重要性，一个国家的繁盛离不开制度创新，创新永无止境！

【教学反思】

本堂课教学设计，采用学本课堂的教学模式，预先下发导学案（起到了较好的导学作用），要求学生进行自主学习，对教材有初步的把握。授课时对学生的解题进行了抽查，对学生的完成情况和正确率进行摸底，提高了学生的自主学习能力。同时，引导学生进行合作探究，史论结合，上台展示，培养了学生的逻辑思维能力和语言表达能力。同时在探究和总结的过程中，融入历史学科的核心素养，符合新课标和新高考要求。

在整个课堂教学过程中，教师亲和力较强，学生的学习积极性较高。通过自主学习和合作探究的活动设计，发挥了教师的主导作用和学生的主体作用。学生在参与的过程中，有效地突破了学习的重点和难点。同时，通过构建思维导图，让学生构建知识体系。融入湖南学考和高考真题，让学生了解考情，有针对性地进行练习，做到了讲练结合。

但是，本次课堂过渡性语言的自然度还有待提高；教师语言的简洁度也有待提升（针对基础知识梳理）。因此，在以后的教学过程中，教学语言需要更加简洁和自然，做到详略得当、行如流水。

总之，此次课堂教学采用学本课堂模式，学生的自学能力和探究能力得到了较大的提高，符合新课程改革的方向，符合新高考的要求，达到了预期目标。

《五四运动与中国共产党的诞生》课例

谭雨琴

【基本课型】

新授课——《五四运动与中国共产党的诞生》

【教学设计】

一、教学目标

课程标准：认识五四爱国运动的历史意义，认识马克思主义在中国的传播与中国共产党成立对中国革命的深远影响。

唯物史观：从历史发展观的角度认识到中国共产党诞生对中国革命乃至中华民族伟大复兴的深远影响。

时空观念：以时间轴的形式梳理1918—1921年本课的相关史实，以地图的形式呈现中国共产党早期组织分布情况，培养学生在具体的时空下考察历史的能力。

史料实证：通过图片、文字等史料，让学生研读史料更贴近历史。如呈现五四时期的报纸杂志、横幅、照片等，有助于学生阐释五四运动爆发的原因。

历史解释：能够依据相关史料，探讨五四运动为中国共产党成立奠定了基础，结合当今党对国家做出的贡献分析中国共产党成立的历史意义。

家国情怀：通过展现图片及音像材料，感受“五四精神”和“红船精神”的精髓，认识到在中华民族生死存亡之际，宁乡的青年革命家们舍生忘死，为了人民的幸福生活而奋斗甚至牺牲，让学生在宁乡五中深厚的历史底蕴下承担青年的时代责任，培养学生的家国情怀。

二、教学目标确定的依据

（一）内容分析

本课选自《中外历史纲要（上）》第七单元《中国共产党成立与新民主主义革命兴起》，为第七单元第一课，课题为《五四运动与中国共产党的诞生》。

从本课的内容上看，共分为三个子目，三个子目层层递进，在时间和逻辑上相衔接。三个子目录分别介绍了下列史实。

（1）五四运动：1919 年五四运动是近代中国一次彻底地不妥协地反帝爱国运动，拉开了新民主主义革命的序幕，工人阶级登上历史舞台，马克思主义传播并与中国工人运动相结合，为中国共产党的诞生做了思想上、组织上的准备。

（2）中国共产党的诞生：1921 年 7 月，中共一大在上海召开标志着中国共产党诞生，中国革命面貌从此焕然一新。

（3）国共合作和国民革命：中共一大后，中共积极组织领导工人运动，但多以失败告终，革命形势的发展促成第一次国共合作，国民大革命基本上推翻了北洋军阀的统治，但共产党付出了惨痛的代价。

通过本课的学习，学生不仅会体会共产党诞生所承担的历史使命，也能够深刻理解“五四爱国精神”和“红船精神”，并在新时代为实现中华民族伟大复兴的中国梦而努力。

（二）学生情况分析

经过初中的历史学习，高一的学生对五四运动、中共诞生和第一次国共合作的内容已有所了解，但由于是开卷考试，所以学生的理解主要限于基本的历史事实，未能建立起完整的知识体系，历史思维能力仍有很大提升。因此，教师在授课时应该依托相关的史事，打通单个事件的内在逻辑联系，通过设置问题链的方式来推动课堂的进行，从而帮助学生建立起比较系统的思维体系。并根据本课红色情感特色，注重对学生爱国情怀的培养。

三、教学重难点

重点：认识五四运动的历史意义；中国共产党成立对中国革命的深远影响。

难点：如何借助本课培养学生的爱国情怀和作为青年对社会做贡献的责任意识。

四、教学流程

◆ 环节一　情境导入

设置情境：视频《建党伟业》节选“五四运动”爆发片段。

教师提问：视频里的主角是什么人？他们采取了什么样的方式表达了他们哪些主张？为什么要走出校门走向大街？

学生预期回答：青年学生，罢课游行，还我青岛，严惩国贼，还我主权。学生们要向政府请愿，表达民众的主张。

教师总结：是什么使北平放不下一张安静的书桌？学生们表达主张有没有别的路

可以走？外援？政府？

带着这样的问题，我们一起进入第 21 课《五四运动与中国共产党的诞生》的学习。

◆ **环节二　知识讲授、重难探究**

教师讲授：请大家回顾刚刚视频中提到的“美国总统威尔逊?”他被学生们认为是骗子，他欺骗和愚弄我们中国人；北洋政府被学生们认为是“列强的帮凶和走狗”。是什么让学生们有这样的认知呢?

议题一：“绝望中敢于担当：五四运动与马克思主义的传播”。

（一）五四运动

导火索	巴黎和会的外交失败	
时间	第一阶段	第二阶段
	1919 年 5 月 4 日—6 月	1919 年 6 月 3 日—6 月
中心	北京	上海
主力	学生	工人
方式	罢课、游行	罢课、罢工、罢市
口号	“外争主权内除国贼”“废二十一条” “收回山东权利”“拒绝和约签字”	
结果	取得初步胜利 放人、免职、拒签字	

设置情境：从五四运动时期提出的口号看，五四运动是否取得了真正的胜利？请同学们以合作探究的方式谈谈你们的看法。

性质：一场彻底的不妥协的反帝反封建的爱国运动。

五四精神：核心是爱国精神。

意义：是中国旧民主主义革命走向新民主主义革命的转折点。

教师提问：为什么是上海的工人罢工规模最大呢?

学生答：略

教师总结：从政治、经济、阶级上看，上海最早成为通商口岸，资本主义经济相对发达，工人阶级人数多。从思想上有陈独秀等先进知识分子在此宣传马克思主义，促进了工人阶级的觉醒。

（二）马克思主义的传播

（1）中心：北京和上海。

(2) 概况：1919 年，李大钊在《我的马克思主义观》文中系统介绍了马克思主义学说；1920 年 3 月李大钊发起中国最早研究马克思主义的团体——马克思学说研究会；1920 年 5 月陈独秀组织了马克思主义研究会……

(3) 意义：不仅促进了马克思主义的传播并与工人运动相结合，也为共产党的成立奠定了领导基础。

议题二：“希望中坚定方向——中国共产党的诞生”

设置情境：结合 1919—1920 年时段发生的事情，思考：1921 年的中国，具备了中国共产党诞生的条件吗?

学生答：略

教师总结。

(1) 诞生的条件。

思想基础：马克思主义的广泛传播。

组织基础：各地共产主义小组成立。

阶级基础：工人阶级壮大。

国际条件：接受共产国际的帮助和支持。

(2) 标志：中共一大的召开。

时间、地点：1921 年上海。

会议内容：确定了党的名称：“中国共产党”；明确了党的奋斗目标：推翻资产阶级，实现社会主义和共产主义；选举产生了党的领导机构，陈独秀任书记。

意义：标志着中国共产党的诞生；开天辟地，焕然一新。

红船精神：开天辟地，敢为人先的首创精神；坚定理想，百折不挠的奋斗精神；立党为公，忠诚为民的奉献精神。

◆ 环节三　总结提升

设置情境：从五四运动到中国共产党的成立，从北京到上海到全国，一批批爱国青年前仆后继，为革命事业不惜牺牲生命。在湖南，在宁乡，又涌现了哪些爱国青年为革命事业死而后已呢?

学生答：略。

教师补充：宁乡甲种师范讲习所、宁党支部、宁乡四髯、朱剑凡……

补充：宁乡五中是宁乡第一个党的学校，学校的红心园记录着很多的革命家事迹，你们是否曾驻足观看？能否感受到五中深厚的历史底蕴?

设置情境：作为宁乡五中的一分子，我们时刻感受着来自学校的红色文化与党伟大精神的熏陶，作为新时代新青年我们可以做些什么?

预设学生答：好好学习，传承革命精神，爱党爱国家。

教师总结：最后，用习近平主席对青年说的话，和同学们共勉。

“青年强则国家强，当代中国青年生逢其时，施展才干的舞台无比广阔，实现梦想的前景无比光明。广大青年要坚定不移听党话，跟党走，怀抱梦想又脚踏实地，敢想敢为又善作善成。立志做有理想，敢当担，能吃苦，肯奋斗的新时代好青年，让青春在全面建设社会主义现代化国家的火热实践中绽放绚丽之花!”

【教学反思】

（1）本课学习的目标是让学生认识五四运动的历史意义，认识中国共产党的诞生并担负起领导中国革命的重任，认识国共合作领导国民革命的历史作用等史实，但这节课的内容只截取了前面两项，第三项国共合作和国民革命放在了第二讲，不符合课本的课时安排。

（2）历史的史论结合，论从史出等学科素养培养没有在本课中充分体现，材料利用过少，知识生成过程欠缺。需要在五四运动的背景下，在为什么选择上海，五四运动是否取得了真正的胜利等这些设问上增加相关史料。

（3）学生寻找本土历史素材组织不够到位，以至于回答问题的时候基本无话可说，爱国情怀的素质培养效果也大打折扣。

《流水地貌》课例

王寨梅

【基本课型】

新授课——《流水地貌》

【教学设计】

一、教学目标

（1）区域认知：能够辨识流域不同河段的河流地貌类型，并归纳其空间分布特征。

（2）人地协调观、综合思维：能够说出不同的河流地貌类型，并简单分析其形成过程，以及该地貌的形成与其他自然地理要素、与人类活动的相互影响。

（3）地理实践力：能够通过野外实践，对河流地貌进行深入观察。

二、教学目标确定的依据

（一）内容分析

本节课以长江河流地貌为案例，剖析外力对地表形态的塑造过程，塑造地貌的形状与特点，以及河流地貌对人类活动的影响。通过情境、探究和实验等方式，展示了流水地貌的多样性。

（二）学情分析

通过初中的学习，学生已了解部分流水地貌，但是仅限于背诵，而不太理解其形成过程。高中更加注重学生发现问题和解决问题的地理实践能力。高一的学生由于阅历浅，不善于观察，知识面还不够宽等，分析较深层次问题的能力有待进一步提高，所以本堂课的重点是提高学生发现生活中的地理现象并解释地理现象的能力，即地理实践力。

三、教学重难点

重点：流水形成侵蚀地貌与堆积地貌的成因；河流地貌对人类活动的影响。

难点：河流演变过程中凹岸侵蚀和凸岸堆积的分析。

四、教学流程

◆ **环节一　情境导入**

设置情境：今天我们将开启一场长江之旅，请大家欣赏长江风景。

教师：简单介绍长江，亚洲第一长河和世界第三长河，是世界上完全在一国境内的最长河流，全长 6363 千米，发源于“世界屋脊”——青藏高原的唐古拉山脉各拉丹冬峰西南侧，于崇明岛以东注入东海。干流流经中国青海、西藏、重庆等 11 个省级行政区，流域面积达 180 万平方公里，约占中国陆地总面积的 1/5。长江沿线无限的风光体现了流水对地表的塑造作用，观看视频时了解长江流水塑造了哪些流水地貌？分别是怎么形成的？

◆ **环节二　知识讲授、重难探究**

（一）地貌与流水地貌类型，流水作用类型

学生自主学习，了解什么是地貌？什么是流水地貌？流水地貌类型有哪些？流水作用有哪些？

请一同学回答：地貌是地球表面形态，流水塑造的地貌称为流水地貌，流水地貌分为流水侵蚀地貌与流水堆积地貌。流水作用分为流水侵蚀作用与流水堆积作用。

（二）河流不同侵蚀类型对河流的影响

教师让同学们看探究一的内容与问题，带着问题看流水不同的侵蚀的实验，教师播放流水侵蚀实验视频，尤其是溯源侵蚀现象，以同桌讨论方式完成探究一的表格。

探究一：河流不同侵蚀类型及其影响。

河流的侵蚀类型包括溯源侵蚀、下蚀、侧蚀三种类型，它们对河流的影响各不相同，具体如下表所示。

侵蚀类型	溯源侵蚀	下蚀	侧蚀
概念	向河流源头方向的侵蚀	垂直于地面向下的侵蚀	垂直于两侧河岸向两边的侵蚀
对河流（长度·宽度·深度）的影响			

教师：引导讨论结果并点评总结流水侵蚀类型以及对河流的影响。

（三）长江不同河段流水作用与地貌关系

教师：我们通过模拟长江流水作用实验来证实流水对河流将塑造出哪些地貌？同学们带着探究二的问题观看河流上中下游的实验现象，以小组讨论的方式完成探究二的表格。

探究二：长江不同河段流水作用与地貌关系

河流位置	流速	流水作用	河谷形状与特点（可画剖面图）	形成地貌	人类活动
源头					
上游河谷					
出山口					
中游					
下游					
入海口					

教师：引导与模拟实验相结合，并播放长江上中下游地貌的实景图片，予以适当讲解。

学生：结合模拟实验，欣赏地貌风景。

（四）凹岸侵蚀，凸岸堆积

教师：展示凹凸岸的图片，提问如何辨别凹凸岸？

学生：观看图片并辨别。

教师：讲授辨别的方法与技巧。

（五）总结

设置情境：长江旅行到此结束，请一位旅行家分享畅游长江体验流水地貌的感受与心得。

学生：分享感受与心得。

教师：进行点评与补充。

◆ 环节三　情境化作业

家乡有哪些流水地貌，画素描图或简图，并说出其形成过程。

【教学反思】

亮点：本课充分体现了学生的主体性原则，让学生在实践中求真，让学生动起来，让学生学会用集体的力量组织讨论。本课全程用情境教学法，小组讨论法与实验法相结合，通过游览长江，体验长江不同河段的地貌与特点，紧密联系生活，吸引了学生的兴趣，引导学生去发现、去观察、去思考，主动寻求答案。对于河谷特点可以用河谷剖面图画出来，很多同学都发挥想象，画出了想象中的图，学生积极性很高，很配合，有好几位同学都积极举手，敢于答问。本课结构简单，设计新颖，体现了大单元教学，深入浅出，整个教学过程很完整。

不足：教师主导性没到位，没能给学生一个很好的引导，尤其是在看实验之前，导入时间太长，导入内容不够典型。从导入到看流水侵蚀的这段引导太突兀，还好学生能理解教学目的，把流水侵蚀的类型能准确地写在探究一的表格中。

《水循环》课例

戴英姿

【基本课型】

新授课——《水循环》

【教学设计】

一、教学目标

（1）通过水循环主要环节模拟实验，小组讨论并绘制水循环过程，进而总结水循环的概念，能够通过“观”“论”“绘”真实掌握水循环的过程。

（2）通过水循环相关知识与学案材料，通过小组讨论方式对家乡宁乡市内涝进行案例探究，增强知识迁移能力和加强对家乡的了解，提升对家乡的热爱之情。

（3）通过实验观察与材料分析，总结水循环的地理意义，并通过讨论水资源的利用方式对其产生的影响，加强可持续发展观念。

二、教学目标确立的依据

（一）教材分析

本节内容位于湘教版必修一第四章第一节，前面第一章已经学习太阳对地球的影响，明确太阳能是水运动的主要动力，第二章学习地表形态，说明水对地表形态具有塑造的作用，第三章学习地球上的大气，在大气运动过程中促进水汽的输送，前三章内容为水循环的过程与地理意义的学习做铺垫，同时本节内容又为后期海水性质、地球上的植被与土壤等内容的学习奠定了基础，因此，教材设计循序渐进，逻辑性强，学生的接受度高。

（二）学情分析

高一学生对自然界的认识具有浓厚的兴趣，且思维活跃，但大部分学生学习较为被动，习惯接受式的学习，因此，通过实验与材料探究，主动把课堂交给学生，提高学生的自主学习能力。而且高一学生逻辑思维有所提高，并且经过前期学习已经掌握了一定的读图、析图能力，同时积累了相应的基础知识和地理素养，能够对水循环各环节与地理意义进行自主探究，并能理解人类活动对水循环造成的影响进而影响人类活动。但学生层次不一，接受程度不尽相同，同时本节课内容较多，以水循环为核心贯通前后知识，对于部分基础薄弱的学生有一定的难度。

三、教学重难点

重点：理解并绘制水循环示意图，掌握其主要环节。

难点：水循环的地理意义以及人类活动对水循环的影响。

四、教学流程

◆ 环节一　情境导入

设置情境：展示 2017 年宁乡特大洪涝灾害的新闻和视频。

2017 年 6 月 22 日至 7 月 1 日，宁乡遭遇 60 年以来历时最长、范围最广、雨量最多、强度最大的强降雨。宁乡地势西高东低，东西落差平均达 500 余米。强降雨短时间内形成巨大的地表径流，致使宁乡境内全国大Ⅱ型水库——黄材水库一度最高水位达 167.8 米，超警戒水位 1.8 米。沩水、乌江、楚江、靳江洪峰叠加，加之湘江高水位的同时顶托，导致了巨大的流域性洪水。宁乡地形地貌复杂，西部山区属于风化花岗岩地区，遭遇强降雨很易发生山体滑坡、泥石流等山洪地质灾害，东部地区属于洞庭湖尾闾地区，地势低洼，河流汇集。多重因素叠加，致使这轮强降雨给当地民众造成严重损失。

请同学们思考洪涝灾害的水是从何而来，去往何处？此次洪涝发生的原因又是什么呢？

◆ 环节二　知识讲授、重难探究

合作探究一：洪涝灾害的水从何而来，去往何处？

1. 什么是陆地水体，陆地水体由哪些组成？

陆地水是陆地上各种水体的总称。

- 水
  - 海洋水 96.5%
  - 陆地水 3.47%
    - 湖泊咸水和地下咸水 0.94%
    - 淡水 2.53%
      - 冰川——两极地区和中低纬高山地区 2/3
      - 地下淡水 0.3%
      - 其他淡水
        - 永冻土底冰
        - 湖泊淡水
        - 土壤水
        - 大气水
        - 沼泽水
        - 河水

2. 以河流为例，说明陆地水体与人类活动的关系。

提供淡水资源、航运、发电、水产养殖、生态服务等价值。

3. 河流的补给类型有哪些？

大气降水（雨水）补给、永久性冰川融水补给、季节性积雪融水补给、湖泊水补给、地下水补给。

4. 沩水的主要补给类型有哪些？

大气降水、湖沼水、河流水、地下水。

合作探究二：运用水循环原理，探究宁乡此次特大洪涝灾害发生的原因。

设置情境：播放水循环主要环节模拟实验与流水地貌模拟实验。

1. 什么是城市内涝？产生的原因是什么？

城市内涝：由于强降水或连续性降水超过城市排水能力致使城市内产生积水灾害的现象。

形成原因：降水强度大、持续时间长；地势低平，排水不畅；城市排水系统不完善（如排水管网标准偏低、硬化面积增加）。

2. 绘制水循环示意图，并描述其形成过程。

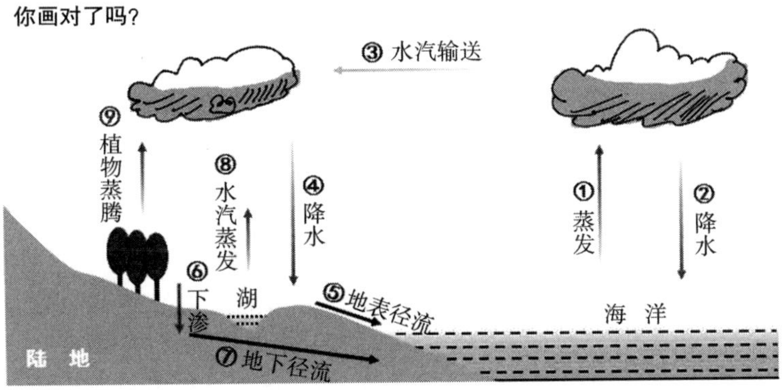

3. 在水循环过程中又会对四大圈层产生哪些地理意义呢？

① 联系了大气圈、水圈、岩石圈和生物圈，使地球上的各种水体处于不断更新状态，形成了人类赖以生存的水资源。

② 维持了全球水的动态平衡。

③ 影响全球气候的变化。

④ 在水循环的驱动下，地表物质被侵蚀、搬运和堆积，地貌得到发育、演化，形成了多姿多彩的地表形态。

4. 举例说明人类活动对水循环的影响，并指出影响最大的环节。

水循环环节	人类活动
地表径流	引河湖水灌溉，修建水库，跨流域调水、填河改陆、围湖造田
地下径流	地下工程建设、地下水人工回灌，抽取地下水，地下交通线路修建破坏渗流区的地质结构，改变地下水的渗透方向
局部地区大气降水	人工降雨
蒸发	植树造林、修建水库可以增加局部地区的水汽供应量
下渗	城市铺设渗水砖可以增加下渗；城市路面硬化，可减少下渗

5. 结合材料及所学知识，运用水循环运行机制解释宁乡洪涝灾害发生的原因。

① 夏季多暴雨，降雨强度大，范围集中。

② 宁乡城区地势低洼，地表径流排水不畅。

③ 湘江河水的顶托作用，排水不畅。

④ 路面硬化导致下渗作用减小，地表径流增多。

⑤ 大量围湖造田，降低了湖泊的蓄水能力。

◆ **环节三　迁移训练**

1. 下图为“某地理考察小组在沙漠地区利用‘日光蒸馏法’取水示意图”。读图完成下面小题。

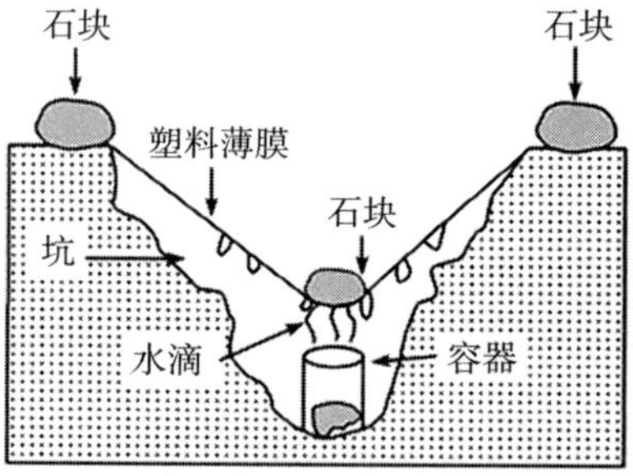

（1）该方法揭示了水循环的主要动力包括（　　）。

① 风力　② 地球重力　③ 太阳能　④ 温室效应

A. ①②　　B. ②③　　C. ①④　　D. ③④

（2）该方法可以模拟的水循环的环节主要有（　　）。

① 蒸发　② 水汽输送　③ 降水　④ 地下径流

A. ①③　　B. ①④　　C. ②③　　D. ②④

2. 杭州市打造“雨水银行”让“天落水”循环使用。读雨水利用过程示意图，据此完成下面小题。

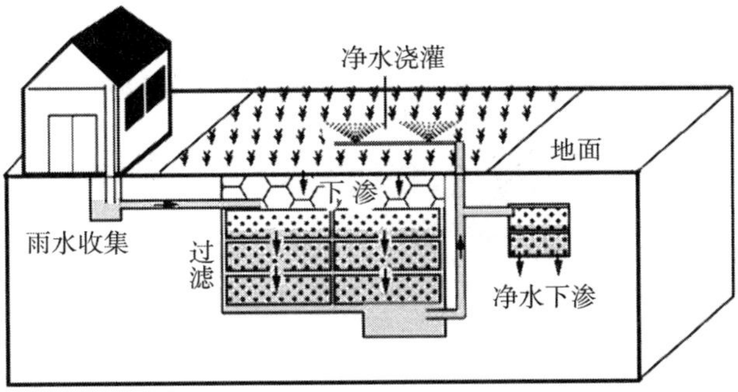

（1）在雨季过滤并储蓄雨水，影响的水循环环节主要是（　　）。

A. 水汽输送　　B. 降水　　C. 植物蒸腾　　D. 下渗

（2）建设“雨水银行”，可以（　　）。

①减少城市内涝 ②加剧热岛效应 ③提高江河水位 ④改善城市生态环境

A. ①②　　B. ①④　　C. ②③　　D. ③④

【教学反思】

亮点：本节课通过用宁乡洪涝灾害的视频和新闻创设情境，从而引出水循环，再给学生时间进行合作探究，完成基础知识的梳理。再利用实验呈现水循环过程与环节，并结合宁乡本次洪涝灾害作为案例分析，说明水循环与人类活动之间相互影响，增强学生的学习兴趣与对家乡的热爱之情。同时结合实验与材料分析水循环的地理意义，根据水资源的利用，联系到可持续发展观，整个教学过程层层递进，突出重难点。

不足：本节课涉及地貌、大气等知识，教学容量大，时间紧，需要对部分环节进行删减。尤其是讲解河流的补给类型所花时间较多，让后续的教学内容时间较少，留给学生思考和讨论的时间过少，不能完全体现学生的主体作用。本节课节奏紧凑，对于基础薄弱的学生来说仍有一定难度。

《探世界最北航道，寻冰上丝绸之路——海水的性质》课例

尹　艳

【基本课型】

新授课——《探世界最北航道，寻冰上丝绸之路——海水的性质》

【教学设计】

一、教学目标

（1）区域认知：通过地图等软件，了解不同区域的海水温度的变化规律。

（2）综合思维：运用相关图表资料，分析海水温度的水平及垂直分布规律，归纳影响其分布的主要因素。

（3）地理实践力：利用现有知识，学会分析特定海域的海水温度对人类活动的影响。

（4）人地协调观：通过分析海洋与人类生产生活的联系，了解海洋对人类的重要意义，初步形成尊重海洋的意识。

二、教学目标确定依据

本课对海水性质的内容要求为：运用图表等资料，说明海水性质和运动对人类活动的影响。为了落实这一要求，湘教版高中地理教材（2019 年版）设置了“海水的性质”内容，安排在必修第一册第四章“地球上的水”第二节，包括海水的温度、海水的盐度、海水的密度三部分。教材提供了丰富的图表资料，旨在帮助学生完成课标要求，运用图表资料说明海水性质对人类活动的影响，在此基础上培养学生的人地协调观。

三、教学重难点

重点：海水温度的分布规律以及海水温度对人类活动的影响。

难点：海水温度的影响因素。

四、教学过程

◆ 环节一 情境设置——角色扮演

老师：2021 年 8 月 31 日，我国货轮“天健”轮从江苏省连云港起航，即将开往丹麦和俄罗斯。假如你是一名丝绸商人，平时喜欢海洋探险，刚好你有一批货物需要从连云港运输到丹麦，于是，你就决定跟着“天健”轮一起出发，那么首先要解决的问题是走哪条航线，请你规划一下。

◆ 环节二 知识讲授、重难探究

（一）初识冰上丝绸之路

教师活动：2017 年 7 月 3 日，国家主席习近平与俄罗斯总统普京提出要开展北极航道合作，共同打造“冰上丝绸之路”。冰上丝绸之路是指穿越北极圈，连接北美、东亚和西欧三大经济中心的海运航道。西起西北欧北部海域，东到符拉迪沃斯托克（海参崴），途经巴伦支海、喀拉海、拉普捷夫海、新西伯利亚海和白令海峡，是连接东北亚与西欧最短的海上航线。冰上丝绸之路是“一带一路”的自然延伸，对中俄两国经济发展具有重要的意义。“冰上丝绸之路”是最短航线，但目前“冰上丝绸之路”并没有大规模通航，这与海水的哪种理化性质有关？

学生活动：图文结合（冰上丝绸之路地图见教材），介绍冰上丝绸之路，之后思考教师提出的问题。

（二）探寻冰上丝绸之路

合作探究一：海水的温度及其影响因素。

为了研究表层海水温度随空间的变化规律，你乘坐“天健”轮分别于 8 月 31 日、9 月 3 日、9 月 11 日在连云港、海参崴、诺姆对海水温度进行了测量……

1. 请你说说测得连云港、海参崴、诺姆三地的海水温度的高低，由大到小排序并解释原因。

师生活动：学生自主完成，齐声回答，教师引导学生总结规律及影响因素：表层海水的温度由低纬向高纬递减，影响因素为纬度。

为了了解这三地表层海水温度随时间的变化规律，你还搜集了这三个地方过去一年的海水温度数据，如下图。

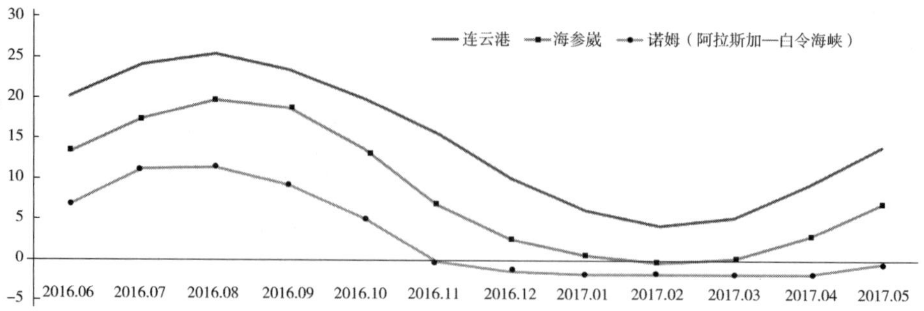

连云港、海参崴、诺姆表层海水月平均温度

2. 请任意选择一个海域并描述其海水温度季节变化特点？

师生活动：学生自主完成，个别回答，教师引导学生总结规律及影响因素：同一海区，海水温度夏季高于冬季，影响因素为季节。

证明了海洋表层水温会随时间和空间而变化之后，请你继续深入思考，同一时间同一纬度，表层海水的温度是否就一定相同？

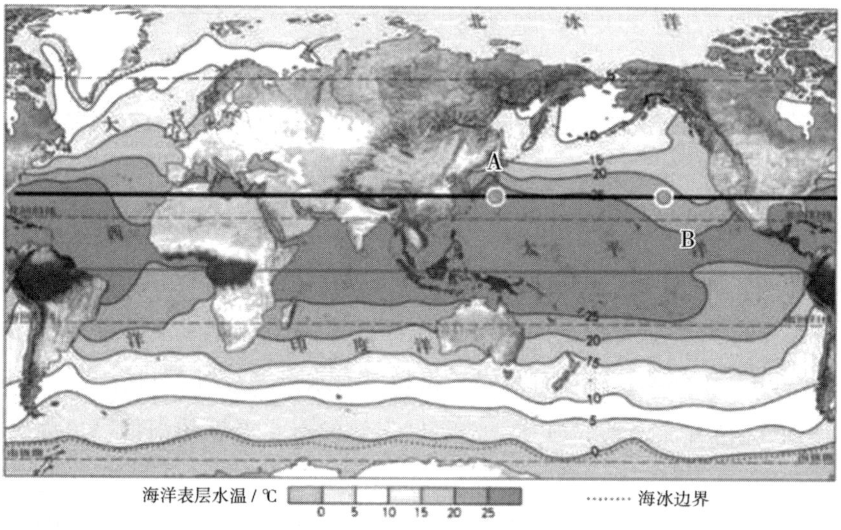

8 月份世界海洋表层水温分布

请你比较 AB 海域表层海水温度的大小，并说出影响因素。

师生活动：学生自主完成，齐声回答，教师引导学生总结规律及影响因素：同一时间同一纬度，表层海水暖流流经的海区温度高于寒流流经的海区温度，影响因素为洋流。

三地深层海水温度会不会也差别比较大？海水有怎样的垂向分布规律？

3. 据图描述海水温度的垂向变化特点。

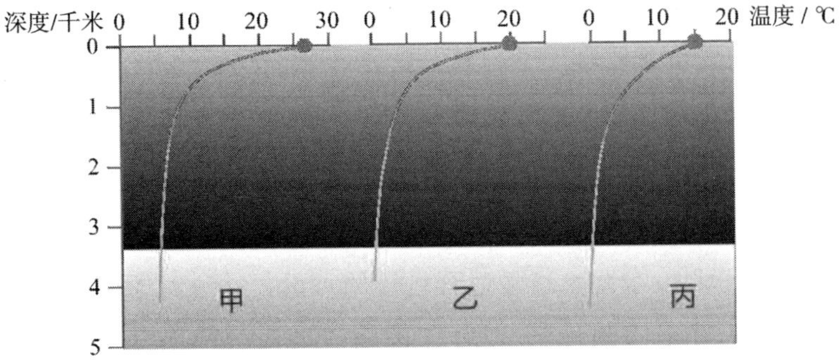

连云港、海参崴、诺姆附近海域三个观测站海水温度随深度的变化

4. 三个观测站的表层水温差异大，但是深度1000米以上的深层海水，水温随深度变化不大，经常保持着低温状况。想一想，这是为什么？

师生活动：学生合作完成，单独回答，教师引导学生总结规律及影响因素：海水热导率低，导致水温自表层向深层大体呈不均匀递减的趋势；在表层区，水温基本上趋向于均匀分布；在温跃层（水温在垂向上存在显著差异的水层），水温随深度的增加而显著降低；在深水区，水温受外界的影响较小，变化缓慢，温度偏低。影响因素为洋流。

师生小结：教师挖空，学生填空，师生共同完成本节知识总结。

合作探究二：海水温度对人类活动的影响。

1. 海水温度对海洋运输的影响。

过了白令海峡，我们就进入了北冰洋，也是你最期待的航段，因为你在这里可能会遇到不一样的风景……你看到了什么？快跟大家说一说……（展示海鸟及海象图片）

北京时间9月17日，你从维利基茨基海峡东口进入，经过12小时的航行，从海峡西口驶出。期间还经过了本航次的最高纬度78°N，你又看到了什么？快跟大家说一说……（展示浮冰图片）

师生活动：在教师设置的问题引导下，学生根据沿途所见景观，思考出现的原因。

2. 海水温度对渔业的影响。

北京时间9月19日驶出巴伦支海域，进入大西洋，当地时间24日5时08分（北京时间24日11时08分）“天健”轮抵达第一个目的港丹麦埃斯比约港（也是你的目的地），下船后的第一件事是……

请你比较鳕鱼和蓝枪鱼的分布特点差异，并说明原因（大西洋鳕鱼和蓝枪鱼分布海域示意图见教材）。

师生活动：在教师设置的问题引导下，根据大西洋鳕鱼和蓝枪鱼分布海域示意图，比较鳕鱼和蓝枪鱼的分布特点差异，思考原因。

（三）解码“冰上丝绸之路”

阅读学案上的图文材料，回答下列问题。

1. 与其他远洋航道相比，影响北极东北航道航运最大的安全隐患有哪些？为什么存在此隐患？

2. 指出一般年份北极东北航道最适合航行的月份，并说明原因。

3. 简述使北极东北航道预计到 2030 年的通航期由目前的 3 个月左右扩展到半年左右的主要原因。

师生活动：通过自主思考、合作探究等方式，学以致用，解决问题，教师根据学生的答案进行必要的补充。

◆ 环节三　总结提升

教师活动：引导学生回忆本节课所学知识，同时指出，海水温度对人类活动的影响远不止这些，其他影响请同学们课下通过查阅资料，了解海水温度对地理环境和人类活动的影响。同学们，海洋与我们人类的生存和生活息息相关，我们一定要树立尊重海洋、保护海洋的意识，从日常做起，用实际行动保护海洋环境。

【教学反思】

本节课设置情境探索世界最北航道，寻冰上丝绸之路，重点讲授海水的性质中海水的温度的相关知识点，本节课的设计采用“一境到底”教学策略，旨在让学生在一个全过程情境中经历地理思维发展的过程。首先，通过新地球软件设计了“冰上丝绸之路”的海洋探险线路，通过让学生扮演海洋探险家，为学生学习《海水的温度》相关知识提供了真实的学习情境。其次，在真实情境下，设计一系列真实任务，通过学生自主学习、自主探究及合作探究等学习方式，完成相关任务，总结相关规律。最后设计以“冰上丝绸之路”为情境的一系列问题来检验学习效果和收获。结合材料以及地理信息系统技术凸显了地理学科核心素养，重点培养了学生的综合思维能力和人地协调观。整个教学过程层层递进，突出重难点，调动了学生的积极性与主动性，注重学法指导，让学生做到真正的自主合作探究。

《歌唱的呼吸》课例

李　玲

【基本课型】

新授课——《歌唱的呼吸》

【教学设计】

一、教学目标

通过系统的呼吸训练及声乐作品辅导，让学生了解呼吸在歌唱中的重要性，即没有呼吸的支持就没有动力，就不能发声的辩证关系，让学生初步学会吸气、呼气、巧用气。

二、教学目标确定的依据

本课内容选自湖南文艺出版社2019年版普通高中音乐教材必修《歌唱》模块，歌唱教学是高中音乐教学的重要组成部分，也是学校实施美育的重要途径之一。通过歌唱教学，如正确的姿势、呼吸、发声共鸣、咬字吐字、歌曲处理、形体动作等，使学生掌握科学的发声方法，提高学生的歌唱能力。只有掌握正确的发声方法，唱起歌来才会自如，才会完美的表达歌曲的内容和思想感情，才能达到“字正腔圆，声情并茂”。通过歌唱教学来激发学生的美感和兴趣，提高他们的表现力和鉴赏力。

学校学生大多来自农村高中，学生非常渴望音乐课，但缺乏比较系统的音乐教育。而且学生的基础不一，接受能力有别，在教学中，有些学生通过点拨就可以学会，而有些学生则要进行反复的训练。本堂课为歌唱教学课，调动学生的积极性，让学生主动参与到演唱中来非常重要。因此，通过多种通俗易懂的训练方法，让学生加入课堂训练的每一个环节。

三、教学重难点

重点：掌握正确的呼吸方法和起音方法，并能协调的运用到演唱实践中。

难点：运用所学的方法，完整地、有表现力地演唱《大海啊故乡》。

四、教学过程

◆ **环节一　情境导入**

设置情境：当我们在唱一句很长的歌词或者说一句很长的句子是，是不是觉得肚子里的气不够用？为什么会出现这种情况呢？

学生回答，引出歌唱呼吸的重要性。

◆ **环节二　研究学习**

（一）呼吸训练方法

1. 双手叉腰，感受吸气时腰腹部分的变化。

2. 气沉丹田（丹田在肚脐眼往下一指）。

3. 不要耸肩抬胸。

4. 吸气后用“si”将气缓缓呼出。

练习：绕口令《数枣》。

分析绕口令呼吸换气点，感受气沉丹田，缓缓呼出。

教师展示，学生展示。

（二）发声训练

1. 5　4　3　2　|　1 —　—　—　‖

u　　　　　　a

要求：气息饱满平稳，声音连贯流畅，圆润柔和。

2. 3 0　2 0　1 0　|　3 0　2 0　1 0　‖

mi　mi　mi　　ma　ma　ma

要求：气息饱满而有弹性，声音灵活跳跃。

训练要求：抬头挺胸，腰背立直，屁股只坐凳子的三分之一。

吸气时，气沉丹田，小腹外扩。

声音饱满，音量适中。

（三）歌唱的起音

歌唱的起音：是指每个乐句的第一个起音，分为软起音和硬起音。

软起音：声音柔和，自然而圆润。

硬起音：声音明亮，结实有力。

起音方式视歌曲情绪需要而定。

（四）迁移与运用

歌曲学唱《大海啊故乡》。

教师弹钢琴，带唱简谱 2 遍，歌词 2 遍。

跟音乐哼唱一遍，注意打节拍。

（五）分享与交流

学生分享与交流《大海啊故乡》的创作背景资料，引出作者对大海、故乡和祖国母亲的真挚情感。更好的领悟歌曲的深层次内涵，有感情的演唱歌曲。

（六）体验与感受

邀请学生上台展示《大海啊故乡》，同时老师指出歌曲的换气点，围绕课题，学生之间互相评价，老师总结点评。

◆ 环节三　课堂小结

呼吸是歌唱的基础，歌唱的原动力就是气息。古人云："善歌者必先调其气"。这节课我们通过学习《大海啊故乡》体验了用正确的呼吸方式来进行歌唱，希望同学们课后多欣赏，并且学唱更多优秀的声乐作品。

【教学反思】

本堂课围绕歌唱的呼吸，从呼吸训练、绕口令的训练、发声训练、歌曲教唱、歌曲展示五个环节进行了讲述，从头到尾紧紧围绕教学目标，设计的每一个环节都紧扣目标要求，整堂课流程清晰，讲解通俗易懂，示范到位，学生掌握情况较好。

但也存在以下问题：

1. 课堂上的学生合作探究没有很好地体现出来，可在练习的过程中加入学生小组之间的讨论，比如：如何在歌曲的练习过程中让自己的气息更足，在《大海啊故乡》这首歌中，你觉得怎样的换气方式最佳？这都可以融入学生的讨论进行教学。

2. 展示在 PPT 中的歌谱，第二行的第二小节，原曲为四三拍，而此处出现了四四拍，这是一个错误，网上下载的歌谱一定要仔细检查。

3. 教学最后如果时间充足，还可加入"拓展与提升"这一环节，让学生通过所学的呼吸方法，运用到他们平时喜欢的流行歌曲演唱中，让他们能更好地歌唱。

总之，本堂课有亮点，也有不足，音乐教育一定要联系生活实际，开展"情境-探究式"教学。要把激发学生的学习兴趣贯彻到教学始终，只有重视音乐兴趣的培养，才能顺利地、更好地完成音乐教学任务，才能真正使学生感受美、体现美，在艺术的空间中尽情翱翔驰骋，真正做到"培养人"的目标，让学生在愉快的气氛中接受审美教育，把音乐课真正上成学生主动学习的课，搭成让学生自主表演的旋转舞台和梦想剧场，让音乐课既实用又有趣！

《目标的制定》课例

欧海英

【基本课型】

新授课——《目标的制定》

【教学设计】

一、教学目标

认知目标：了解什么是SMART原则。

情感目标：通过目标的制定激发学生挑战自我的勇气与信心，激发对未来美好生活的向往。

行为目标：制定出清晰适合自己的目标并化为行动。

二、教学目标确定的依据

《中小学心理健康指导纲要》中指出：高中要帮助学生掌握学习策略，开发学习潜能，提高学习效率等。我们平常也了解到学生普遍感觉学习吃力、困难，有过搞好学习的想法就是目标不明确，为了帮助学生了解自己目前学习困难的原因，减少对学习的畏难情绪，我们特设计本节课，让学生学会制定切实可行的目标，激发同学们追求美好理想和勇于挑战自我的斗志，提升自己对人生的掌控感。因为目标是黑暗中的灯塔，指引前进的方向，目标的背后是希望，寄托着对美好、幸福、成功的追求。高中生处于自我探索和发展的阶段，我们通过本课的学习，逐步增强他们对高中生活的规划能力，不断增强他们的自信心和自我效能感。

三、教学重难点

激发学生制定目标的兴趣，制定出清晰适合自己的目标并化为行动。

四、教学过程

◆ 环节一　热身阶段

设置情境：一分钟拍手游戏。

活动规则：将预计一分钟拍手的次数写下，一分钟拍手结束后看是否超过了预计次数。

问：你达到了预计次数吗？你在这过程中有何感受？你是怎么达成的？没有达成的又是什么原因？

通过拍手活动发现一个目标的实现是由多个因素影响的，比如高估或低估自己，没有尽力，易受干扰或不稳定的心理因素等。引出本节课我们的主题是一起交流如何制定切实可行的目标。

◆ **环节二　转换阶段**

（一）设置情境：读小闹钟的故事，谈领悟

通过读故事领悟到把大目标分解成一个个的具体的小目标，我们就能轻松地完成，这会让我们一步步接近大目标，同时也会逐步提升我们的自信。

（二）案例分享

（1）设置情境：PPT展示两种不同类型的学习目标案例（一个笼统，一个详尽），分析其学习目标是否合理可行。

（2）说说自己的学习目标，请大家一起分析评价是否合理可行。

（3）小组探究：什么样的目标是切实可行的？用什么标准来衡量？

（4）请小组派代表全班分享。

由看他人到分析自己，通过大家一起探讨和评价进一步了解切实可行的目标是怎样的？

（三）了解SMART原则

（1）播放SMART原则视频。

（2）判断举例是否符合此原则。

（SMART原则：具体的，可行的，可衡量的，现实的，有时限的。）

清晰了解此原则帮助我们获得制定目标的标准。

小结：在一个大目标面前，我们常常会觉得很遥远很困难，而在一个小目标面前，我们会觉得自己完全可以胜任，对自己充满信心。

◆ **环节三　工作阶段**

制定切实可行的目标：

1. 每个同学制定今天/本周的学习任务单。

2. 找代表全班分享。

通过制定自己的学习任务单，马上把所学的SMART原则转化成行动。通过分享进一步引发共鸣和思考，引发团体动力。

◆ 环节四　结束阶段

通过未来设想几大问，激发学生对于目标实现的憧憬，进一步激起他们愿意付诸行动。

如果你拥有了明确的目标，明天你会发现自己有哪些变化呢？

如果这样的行为持续一周，你的心情会怎样？

如果这样的行为持续三年，他人可以从哪些方面感觉到你的不一样呢？

如果这样的行为持续十年，那时候第一次见你的人会对你留下什么印象呢？

如果你坚持这个简单的行为，你就会变得优秀、自律、从容、淡定，也许你做的只是积极的一小步，不论外在的结果如何，但是你本人多年后已经发生了变化，所以专注现在，从一小步开始，一个个小目标去突破，你会发现自己已经变得越来越优秀，特别是沮丧想放弃时，不要忘记自己对自己的期待，相信通过我们的扎实前行，你一定会越来越好。

【教学反思】

亮点：

1. 从情境创设来看，首先一分钟拍手游戏用时短，又能让学生快速进入状态，很好地起到了一个活跃课堂氛围的作用，通过老师的提问让同学们马上反思自己达成/未达成目标的原因是什么，得出目标的实现是受多个因素影响的，然后快速引入本节课的主题。

2. 在转换阶段先设计一个读故事环节，让同学们很自然地对目标的设定有了一个初步的印象。接下来将目标分解成一个个小目标，让其有胜任感，通过分析评价他人的两种不同类型的目标，让同学们直观地了解什么样的目标是合理可行的，再联系自身目标看出其存在的问题。接下来观看 SMART 原则视频，让大家更清晰地了解切实可行的目标具体标准是怎样的，一步步让同学们的认知清晰化，并且对标自己，大家的注意力一直都较为集中。主要表现为：（1）制定目标阶段，没有让大家制定较长时间的目标，而是着眼于眼前，这个是大家很容易想到的，也是不容易落空的，大家在写目标环节还是比较容易下手的，都能写得出来。（2）结束阶段，用了几大联想设问，进一步激发了学生要制定目标的勇气与信心，这比一般的总结效果要好得多，学生能一直跟着老师的思路，显得很有激情。

3. 整堂课下来学生基本都能清晰地区分什么样的目标是合理可行的，大部分同学也都能写下具体清晰的目标并与大家一起分享。

不足：

1. 个别同学有点想刷存在感，回答问题时只想引发他人笑就感觉很满足了，上课时要经常重温我们的课堂公约。

2. 写当天/本周任务单时大家只写了一部分还没有完整的写下来，可能时间还不太充分，或者是老师还需要到学生身边去指导，特别是指导某一位或某几位同学写下一份完整的目标。

3. 在最后的分享环节，应该要找有代表性的、完整的作品来分享，这可以起到一个相当好的示范作用。